USAGES LOCAUX

DE

L'ARRONDISSEMENT DE FOUGÈRES,

RECUEILLIS ET MIS EN ORDRE

PAR M. J.-M. CAVÉ, Avocat,

SUIVIS

1° DE LA LOI DU 20 JUILLET 1838, CONCERNANT LES VICES RÉDHIBITOIRES DANS LES VENTES ET ÉCHANGES D'ANIMAUX DOMESTIQUES, AVEC NOTES EXPLICATIVES DES SYMPTOMES QUI CARACTÉRISENT LES VICES RÉ-DHIBITOIRES;
2° DE NOTIONS PRATIQUES SUR L'EMPLOI DU SYSTÈME MÉTRIQUE DES POIDS ET MESURES.

A RENNES,

CHEZ BLIN, LIBRAIRE-ÉDITEUR.

A FOUGÈRES,

CHEZ JOSSE, IMPRIMEUR-LIBRAIRE; DANS LES BUREAUX DE LA SOUS-PRÉFECTURE ET AU GREFFE DES JUSTICES DE PAIX DES DIVERS CAN-TONS DE L'ARRONDISSEMENT.

1839

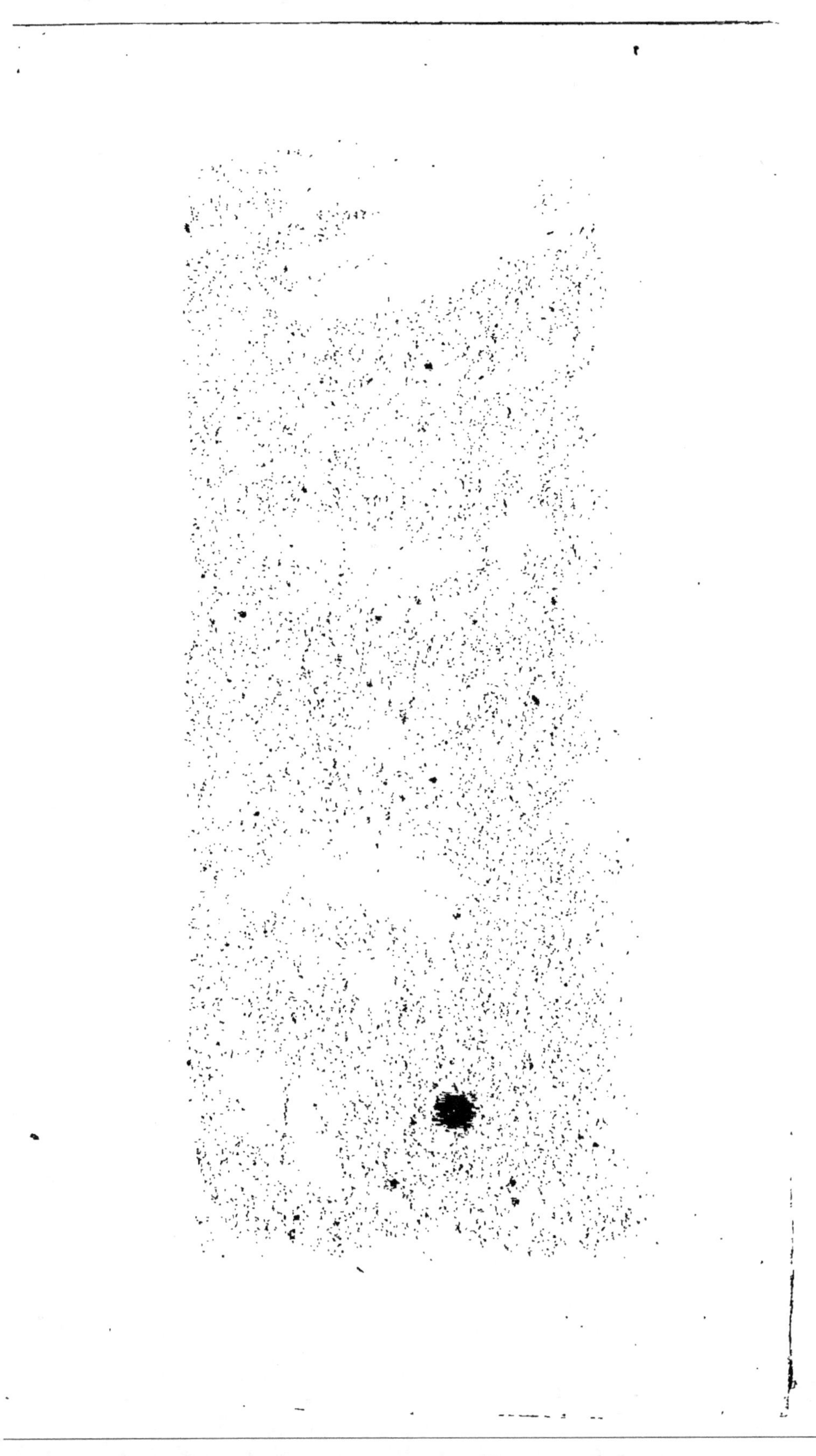

F

4572

USAGES LOCAUX

DE

ARRONDISSEMENT DE FOUGÈRES.

USAGES LOCAUX

DE

L'ARRONDISSEMENT DE FOUGÈRES,

RECUEILLIS ET MIS EN ORDRE

PAR M. J.-M. CAVÉ, Avocat,

SUIVIS

1° DE LA LOI DU 20 JUILLET 1838, CONCERNANT LES VICES RÉDHIBITOIRES DANS LES VENTES ET ÉCHANGES D'ANIMAUX DOMESTIQUES, AVEC NOTES EXPLICATIVES DES SYMPTOMES QUI CARACTÉRISENT LES VICES RÉDHIBITOIRES;
2° DE NOTIONS PRATIQUES SUR L'EMPLOI DU SYSTÈME MÉTRIQUE DES POIDS ET MESURES.

A RENNES,

CHEZ BLIN, LIBRAIRE-ÉDITEUR.

A FOUGÈRES,

CHEZ JOSSE, IMPRIMEUR-LIBRAIRE; DANS LES BUREAUX DE LA SOUS-PRÉFECTURE ET AU GREFFE DES JUSTICES DE PAIX DES DIVERS CANTONS DE L'ARRONDISSEMENT.

—

1839.

PRÉFACE.

A Monsieur Trotry de la Touche , *Président du Tribunal de première instance de l'arrondissement de Fougères ;*

Monsieur le Président ,

J'ai l'honneur de vous remettre le résultat de l'enquête que j'ai faite sur les usages locaux de l'arrondissement de Fougères : déjà vous avez eu l'obligeance d'examiner mon travail avec Messieurs les membres du Tribunal, et de m'encourager par vos conseils à persévérer dans la tâche difficile que je me suis imposée.

J'étais convaincu à l'avance que je ne réclamerais pas en vain votre concours à une œuvre entreprise dans l'intérêt public.

Appelé en qualité d'avocat à donner mon avis sur les diverses questions de droit qui sont régies par l'usage local , je n'ai rien trouvé dans mon début qui pût me servir de point de départ et de guide certain dans la solution des nombreuses difficultés qui m'étaient soumises.

J'ai eu mainte et mainte occasion de reconnaître qu'à défaut de règle écrite, nos usages locaux, soumis aux capricieuses décisions de tel ou tel expert plus ou moins éclairé, tomberaient infailliblement dans une complette anarchie, si l'on ne s'empressait de les recueillir.

J'ai souvent regreté que quelqu'un de mes devanciers ne se soit pas imposé cette tâche pénible, et qu'une main plus habile et plus exercée n'ait pas rassemblé et mis en ordre les divers documents de notre jurisprudence locale.

Pressé par le besoin de m'instruire, j'ai d'abord entrepris ce travail dans mon intérêt personnel et pour moi seul, sans avoir la prétention de faire un livre; mais les personnes qui m'ont éclairé de leur expérience, ont pensé avec mes amis que, dans l'intérêt général, il pourrait être utile de rendre mon travail public : j'ai promis de le faire, à la condition cependant que je serais certain à l'avance de l'approbation des hommes qui, comme vous et Messieurs les membres du Tribunal, seraient appelés journellement à prononcer sur son application.

Pour atteindre ce but, j'ai pensé qu'il

était nécessaire de procéder dans chaque canton à une enquête distincte et minutieuse.

Messieurs les juges de paix se sont empressés de me seconder en provoquant sous leur présidence la réunion des experts et des hommes qui, par leur position sociale, étaient aptes à donner des renseignements utiles.

Cet appel fait au nom du bien public a été facilement compris par tous les experts qui sont investis de la confiance et du Tribunal et de Messieurs les juges de paix. J'ai soumis à leur investigation les diverses propositions de mon travail : j'ai recueilli avec avidité la discussion qui s'est engagée sur les divers articles, et les motifs qui servent de base aux usages reconnus constants ; je n'ai admis que celles de ces propositions qui ont reçu l'approbation générale.

Fort de cette première approbation, il me restait à rechercher le fondement légal des usages reconnus constants, en les mettant en rapport avec notre législation nouvelle et avec notre ancien droit coutumier breton.

J'ai dépouillé les anciens arrêts du parlement depuis Dufail et Devolant jusqu'à la révolution de 89, et le recueil des arrêts de la Cour royale de Rennes depuis son installation jusqu'à ce jour.

J'ai consulté nos meilleurs auteurs ; quelques-uns de mes confrères près le tribunal ont mis la plus grande obligeance à m'éclairer de leur expérience et de leurs conseils ; Monsieur Prenveille, juge de paix du canton de Saint-Brice, m'a communiqué ses excellentes notes sur les usages ruraux des cantons de Saint-Brice et de Louvigné-du-Désert, notes qui depuis long-temps servaient de base à la jurisprudence de tout l'arrondissement.

J'ai trouvé partout bienveillance et secours :

Monsieur le Comte de la Villegontier lui-même a bien voulu concourir à mon travail et m'aider de ses conseils et de son expérience.

Peut-être ai-je été quelquefois importun, mais j'avais une excuse, le bien public.

J'ai rectifié mon premier travail d'après vos observations et sur les notes nombreuses qui m'ont été fournies depuis votre premier examen. C'est le résultat de cette nouvelle enquête que j'ai l'honneur de vous soumettre avec les notes à l'appui.

Quant au mode de rédaction, j'ai cru devoir adopter la forme de nos anciennes coutumes, en donnant sous chaque article les motifs qui m'ont déterminé. La rédacdaction en forme de Code remplissait d'ailleurs le but que je me suis proposé : elle sera plus facilement comprise par ceux auxquels mon travail est destiné.

Il est, je pense, inutile de protester devant vous que je n'ai pu avoir la prétention de m'ériger en législateur ; je n'aurai d'autre but, en publiant ce travail, que de me rendre utile à mon pays et à mes concitoyens : j'espère qu'à ce titre ils ne me refuseront point leur indulgence.

Si mon travail leur paraît incomplet et défectueux, ils voudront bien réfléchir aux difficultés sans nombre que j'ai dû rencontrer en traitant le premier une matière aussi importante qu'étendue.

Parmi les usages que j'ai recueillis, il il en est quelques-uns auxquels le temps et surtout les progrès de l'agriculture devront nécessairement apporter des modifications sensibles, je veux parler de ceux relatifs au mode de culture et d'assolement. Il ne m'en a pas moins paru convenable de constater leur existence appropriée aux besoins actuels : le temps qui les a créés saura les modifier et les abroger au besoin ; l'intérêt public veillera à ce qu'ils ne soient pas un obstacle aux améliorations qui s'introduiront nécessairement dans l'agriculture.

J'ai rempli avec conscience la tâche que je me suis imposée ;

C'est dans cette conviction, Monsieur le Président, que j'ose soumettre à votre approbation et à celle de Messieurs les membres du Tribunal, le résultat de l'enquête à laquelle je me suis livré, vous priant, si vous jugez mon travail digne d'être publié, de me permettre de le faire paraître sous vos auspices et sous la protection spéciale de la magistrature de notre arrondissement, dont vous êtes le chef et le plus ferme soutien.

J'ai l'honneur d'être,

MONSIEUR LE PRÉSIDENT,

Votre très-humble et très-obéissant serviteur,

J. M. CAVÉ, avocat.

Fougères, le 15 janvier 1839.

MONSIEUR ,

Nous avons pris de nouveau avec beaucoup d'intérêt, mes collègues et moi, connaissance du travail que vous avez fait sur les usages de l'arrondissement de Fougères, et que vous nous aviez communiqué à cet effet ; nous vous félicitons sur ce travail, que nous vous engageons à publier.

Les soins que vous avez pris pour connaître avec exactitude les usages locaux consacrés par le temps, les enquêtes auxquelles vous vous êtes livré, les hommes expérimentés que vous avez consultés, le concours empressé de vos honorables confrères, celui de Messieurs les juges de paix, enfin l'examen sérieux que le Tribunal en a fait lui-même en vous faisant part de ses observations, tout porte à penser que vous aurez constaté ainsi par écrit, et mis à la portée de chaque habitant de cet arrondissement, la connaissance des droits et usages qui peuvent l'intéresser, et cela d'une manière claire et certaine, et qui doit mettre un terme à la multitude de contestations que le caprice ou l'ignorance d'un expert pouvait faire naître dans nos campagnes.

C'est donc un bienfait dont nous vous serons tous redevables, et qui me fait accepter avec empressement le désir flatteur que vous me manifestez de le voir publier sous mes auspices et la protection spéciale de la magistrature de cet arrondissement.

Veuillez, Monsieur, en recevoir l'assurance, ainsi que celle de mes sentiments les plus distingués.

Le Président du Tribunal,

A. TROTRY.

USAGES LOCAUX

DE

L'ARRONDISSEMENT DE FOUGÈRES.

INTRODUCTION ET DIVISION.

Il serait à désirer qu'une loi uniforme vînt abroger grand nombre d'usages locaux qui pourraient sans inconvénient être soumis à une règle commune, mais le législateur ne peut tout prévoir ; il est des détails dans lesquels il ne peut descendre d'une manière uniforme pour tous, sans froisser les habitudes et les besoins des diverses localités. Les rédacteurs du Code civil, frappés de cette idée, tantôt ont renvoyé à l'usage local établi sans prescrire de règle (art. 674, 1736, 1774...) ; tantôt ont prescrit des règles qui ne doivent être observées qu'à défaut d'usage (art. 663, 671...) ; tantôt ont laissé à la jurisprudence locale le soin minutieux de tout déterminer (art. 1728, 1766, 1777...)

De là sont nés les usages qui régissent les diverses localités ; usages qui sont exécutoires toutes les fois qu'une convention expresse n'est point intervenue pour les modifier, en substituant pour cause licite, en leur lieu et place, la volonté formelle des contractants.

Ainsi donc, toutes les fois qu'il n'y a pas convention expresse, toutes les fois que *la loi civile, soit textuellement, soit implicitement, s'en réfère à l'usage local, cet usage est déterminé dans les communes qui sont soumises à la juridiction du Tribunal de première instance de l'arrondissement de Fougères d'après les principes appropriés aux besoins actuels du pays*, principes que l'auteur a pris pour base de son travail, en évitant autant que possible d'aborder les questions de droit qui ne se rattacheraient pas immédiatement à la matière, en se bornant à recueillir les usages constants et sanctionnés par la jurisprudence usuelle.

Ce traité a été divisé en deux chapitres distincts :

Le premier renferme l'usage qui se rapporte au contrat de louage ;

Le second, les droits et les obligations des propriétaires dont les fonds sont contigus.

CHAPITRE I.

USAGE QUI SE RAPPORTE AU CONTRAT DE LOUAGE.

1° ENTRÉE EN JOUISSANCE DES FERMIERS ET DES LOCATAIRES.

ARTICLE PREMIER.

L'entrée en jouissance des fermiers et des locataires a lieu à deux époques, soit au jour Saint-Georges, à midi (23 avril), soit au jour Saint-Michel, à midi (29 septembre). La sortie a lieu à la même époque, alors même que l'entrée n'aurait eu lieu que dans le courant de l'année ; le tout d'après les règles distinctes, comme il sera dit ci-après :

Il n'est accordé aucun délai de grâce pour déloger ; si cependant le jour de la sortie est un jour férié, le délai est prolongé d'un jour.

Notes. ⹀ Si le bail écrit ne peut être représenté, ou s'il y a bail verbal, il peut s'élever des discussions sérieuses sur l'époque de la sortie, le Code civil n'ayant pas statué à cet égard, l'usage a dû suppléer au silence de la loi et déterminer, suivant les localités, une époque fixe pour l'entrée et pour la sortie. Le jour Saint-Georges est de règle pour tous les cantons, à l'exception du canton d'Antrain qui observe le jour Saint-Michel comme règle générale ; ces entrées diverses donnent lieu à. des usages différents.

De là la division du chapitre premier. Dans le paragraphe premier sont posées les règles particulières à l'entrée en jouissance à la Saint-Georges ; dans le paragraphe second, les règles particulières à l'entrée de la Saint-Michel ; dans le paragraphe troisième, les règles communes à ces deux entrées en jouissance en ce qui concerne 1° les congés, 2° les réparations locatives, 3° les obligations diverses des fermiers et des locataires en général, et le mode de jouissance d'après l'usage.

Délai de grace. Nous disons le jour Saint-Georges ou le jour Saint-Michel, à midi ; il n'est point accordé de délai pour déloger, ainsi que cela se pratique dans certaines localités. (*Voir arrêt du 27 mai 1834, Rennes*). Si cependant le jour Saint-Georges est jour férié, on a l'habitude de déloger le lendemain ; les clefs doivent être livrées à midi, au plus tard.

PARAGRAPHE PREMIER.

Règles particulières à l'entrée en jouissance au jour Saint-Georges.

2. *Entrée, sortie, paiement.* Le jour Saint-Georges, à midi, est le temps ordi-

naire de l'entrée en jouissance des fermiers et des locataires pour les cantons de Fougères, de Saint - Aubin - du - Cormier, de Saint-Brice-en-Coglais et de Louvigné-du-Désert.

A défaut de stipulation expresse, le paiement des fermages et des loyers se fait en deux termes égaux ; le premier à la Toussaint qui suit l'entrée, et le deuxième à la Saint-Georges suivante. Il est cependant d'usage de n'exiger le paiement des fermages des biens ruraux qu'aux époques de Noël et de Saint-Jean ; le premier échoit à Noël qui suit l'entrée, le deuxième à la Saint-Jean suivante, le paiement de tous les fermages étant exigible au jour de la sortie.

N. $=$ Quant à la sortie, voir l'article 1ᵉʳ. Il y a présomption que les contractants ont voulu se soumettre à l'usage.

Quant au paiement des fermages et loyers, l'article 2 tend à donner une garantie aux contractants. Il peut arriver, en cas de bail verbal, qu'une des parties vienne à décéder, et alors le serment ne peut être déféré utilement; il peut arriver aussi, qu'en cas de bail écrit, on ait oublié de stipuler l'époque du paiement, il est nécessaire de recourir à l'usage établi. (Toullier, t. 6, n. 339 ; Dalloz, n. 111 ; Pothier, n. 135.) Pour ce qui est du lieu du paiement, s'il n'y a pas de stipulation, l'usage généralement admis est que le preneur paie au domicile du bailleur ; mais il serait douteux en droit que cet usage pût être admis comme règle en présence des termes de l'article 1247 du Code civil et l'opinion de Pothier, n. 136 : le preneur, par déférence, devrait cependant payer au domicile du bailleur, mais il n'y pas obligation rigoureuse.

— Les termes de Noël et de Saint-Jean sont pour les biens ruraux des termes de grâce qui paraissent constants d'après l'usage.

3. *Chenevière*. Au premier jour de mars qui précède la Saint-Georges, le fermier entrant à le droit de bécher et de préparer la terre pour la façon des chanvres et des lins dans les pièces de terre dites chenevières, ou dans les portions de terrain en tenant lieu. Le fermier sortant doit les laisser en épargne audit jour ; il peut cependant profiter de ses navets jusqu'au 23 avril, pourvu toutefois que le fermier entrant ait négligé de bécher et de préparer la terre. (Art. 1777.)

N. = Cet article est la première conséquence tirée de l'article 1777 du Code civil, qui est ainsi conçu :

« Le fermier sortant doit laisser à celui qui lui
» succède dans la culture, les logements conve-
» nables et autres *facilités* pour les travaux de
» l'année suivante, et réciproquement le fermier
» entrant doit procurer à celui qui sort les loge-
» ments convenables et autres *facilités* pour la
» consommation des fourrages et les récoltes res-
» tant à faire ; dans l'un et l'autre cas, on doit
» se conformer à *l'usage des lieux.* »

Cet article sert de base à bon nombre d'usages qui y trouvent leur justification ; l'auteur a pensé qu'il était utile d'en rappeler le texte.

Chenevière. On nomme ainsi la pièce de terre ou la portion de terrain qui est consacrée à peu près exclusivement à la culture des chanvres : toute ferme a sa chenevière ou sa portion de terre destinée à faire du chanvre ou du lin, suivant l'importance de l'exploitation. Ces produits sont d'une grande utilité pour l'arrondissement de Fougères, le chanvre surtout, dont on tire dans le commerce les toiles dites de Fougères ; l'usage a donc pris soin d'en favoriser la culture : les chanvres et les lins seraient impossibles pour le fermier entrant à la Saint-Georges, s'il ne pouvait préparer la terre à l'avance, il n'aurait pas aux termes de l'art. 1777 facilité pour les travaux de l'année suivante : la chenevière suit en quelque sorte la condition des prés, elle doit être mise en épargne ; elle ne fait point partie de la terre labourable proprement dite. (Voir art. 38 ci-après.) A partir du premier mars, le fermier sortant ne peut en faire paître l'herbe par ses bestiaux. Si cependant le fermier entrant néglige de faire les travaux d'usage, il peut jusqu'au 23 avril couper les jeunes pousses des navets qui existent dans la chenevière. Dans les autres cas, peu importe qu'il s'y trouve des productions d'utilité réelle ; la culture des chanvres ne peut être entravée, et le fermier sortant ne manquerait jamais de faire l'année de la sortie des navets, du trèfle, et l'usage adopté par les hommes les plus éclairés est conforme à notre article, qui est du reste basé sur l'intérêt de l'agriculture et sur la saine interprétation de l'article 1777.

4. Trèfles. Le fermier entrant est dans l'usage , depuis quelques années , de semer du trèfle dans les pièces de terre ensemencées de froment d'hiver et de Toussaint , pourvu qu'il herse convenablement et en due saison.

N. = Le fermier sortant n'est point dans l'habitude de faire à sa sortie de grains dits du mois de mars , si ce n'est dans le cas de l'exception de l'article 7 ; il ne fait que des grains dits de Toussaint , grains qu'il récolte d'après l'usage quatre mois au moins après sa sortie , et qu'il a ensemencés à la Toussaint précédente.

La culture des trèfles est devenue plus fréquente dans notre arrondissement. L'usage a dû prendre soin de la favoriser ; les fermiers et les agriculteurs ont coutume d'ensemencer les trèfles dans les froments de Toussaint. Cette opération se fait à la fin de l'hiver ; on sème le trèfle , puis on herse légèrement : ce procédé est conseillé par les Agronomes les plus expérimentés. Le froment prend alors toute son extension , ses racines se développent convenablement ; il est aussi prouvé que, dans l'état actuel , le trèfle ne lui nuit pas : il n'y a donc pas préjudice pour le fermier sortant. D'un autre côté le fermier entrant qui doit , aux termes de l'art. 1777 , avoir toute *facilité* pour les travaux de l'année suivante , trouve dans le droit d'ensemencer du trèfle dans les froments du fermier sortant un avantage inappréciable dont il serait privé pendant la première année de sa jouissance ; car le fermier sortant qui voit ordinairement son successeur d'un mauvais œil lui refuserait le plus souvent la permission dont l'usage le dispense ;

ou s'il lui accorde permission, ce sera à des conditions onéreuses qui l'empêcheront d'en profiter.

La culture du trèfle n'est généralement adoptée que depuis quelques années que la *tangue* ou sablon de mer est employée pour fumer les terres ; cet engrais devenu peu dispendieux par suite d'un transport plus facile a changé notre genre de culture : de là l'usage établi depuis quelque temps par la jurisprudence de MM. les juges de paix ; il n'est pas douteux qu'ils ne persistent dans cette jurisprudence, si l'expérience qui a fait accueillir cet usage continue de lui être favorable.

5. *Choux-brocoli*, *légumes d'été*. Le fermier entrant a le droit depuis le jour de la Toussaint qui précède son entrée, de planter des choux-brocoli, dits choux communs, dans les places vides des jardins ; il a droit de faire au premier mars des légumes d'été : en cas de contestation, le fermier sortant doit laisser au moins un tiers des jardins à la disposition du fermier entrant ; à cette règle n'est point soumis le simple loyer même avec friche, à moins qu'il n'y ait ferme d'après l'usage. (Voir ci-après art. 10, 22 et 23) (art. 1777.)

N. = Le choux-brocoli, ou choux commun, est d'une ressource importante pour la nourriture des bestiaux et surtout des jeunes porcs ; le fermier entrant serait privé de cette ressource, s'il ne pouvait les planter qu'après son entrée en jouissance.

La Toussaint est le temps ordinaire de leur plantation, pour qu'on puisse s'en servir utilement la première année; l'usage a donc pris soin de veiller aux intérêts du fermier entrant. Le fermier sortant, de son côté, n'éprouve qu'un préjudice presque nul, vu l'époque de la sortie : il trouve ailleurs les mêmes facilités ; il y aura compensation et avantage réel dans l'intérêt de l'agriculture.

Il en est de même des légumes d'été ; le fermier entrant ne peut être privé de légumes qu'il ne serait plus temps de faire après son entrée en jouissance.

Le simple loyer avec jardin, soit à la ville, soit à la campagne, et qui ne constitue pas une ferme, ne jouit pas de la même facilité; il n'y a pas utilité basée sur l'importance de l'exploitation; l'argument tiré de l'article 1777 ne lui est pas applicable. Cet article ne concerne que les biens ruraux et les fermes ; l'usage ne l'a pas étendu au loyer qui ne constitue point une ferme.

6. *Avoine*. Le fermier sortant ne peut ensemencer en avoine qu'un sixième de la terre qu'il peut labourer l'année de sa sortie.

N. = On dira dans l'article 38 quelle portion de terre le fermier peut labourer l'année de sa sortie.

Depuis quelques années seulement l'usage consacré par cet article a pris force de loi : les fermiers sortants prétendent se dispenser de fumer leurs avoines ; c'est un abus qu'on a voulu réprimer. La culture de l'avoine est d'ailleurs défavorable, en ce qu'elle maigrit les fonds de terre : de là l'usage établi par notre article.

7. *Sarrasin*. Le fermier sortant à la Saint-Georges a droit d'ensemencer en sarrasin un sixième de la terre dont il peut disposer à sa sortie.

N. = D'après l'usage et ce qui a été dit sur l'article 4, le fermier sortant ne pouvait faire autrefois de labours de printemps, à moins que, conformément à l'article 8 ci-après, il n'y eût destruction de semence faite à la Toussaint : depuis plusieurs années on a modifié cet usage ; on permet au fermier sortant de labourer un sixième en sarrasin, en enlevant un sixième à la culture de l'avoine. Cet usage est bien préférable dans l'opinion des hommes les plus éclairés, quoiqu'il arrive quelquefois que l'ensemencement n'ait lieu qu'après la sortie de Saint-Georges, si la saison est défavorable et que la récolte se fasse un mois plus tard ; mais le compôt en sarrasin est bien préférable pour les ensemencements de l'année suivante, il y a avantage dans l'intérêt du fermier entrant.

8. *Labours d'été*. Le fermier sortant ne peut faire de labours d'été que conformément à l'article 7 ; si cependant, par suite d'accidents imprévus et indépendants de sa volonté, il a perdu l'espoir d'une bonne récolte de grains d'hiver, il peut faire du sarrasin dans les mêmes pièces de terre. (Arrêt du parlement, 28 mai 1740.)

N. = La défense faite au fermier sortant à la Saint-Georges de faire des labours d'été, remonte à un usage fort ancien basé sur l'intérêt des fermiers ; il est consacré par un arrêt de règlement de l'ancien parlement de Bretagne. (28 mai 1740 ; journal du parlement, t. 3, p. 187.)

Cet arrêt a toujours été observé comme règle générale applicable à toute la Bretagne. Notre article le reproduit dans toute sa substance, en ce qui concerne la permission de remplacer par du sarrasin les labours d'hiver détruits par cas fortuits ; mais il ne faut pas qu'il y ait malice de la part du fermier sortant, car alors il serait passible de dommages - intérêts envers le fermier entrant, comme n'ayant pas usé de la chose en bon père de famille : il y a perte pour ce dernier qui n'a pu faire du trèfle, qui ne trouve pas de pailles aussi abondantes, et qui reçoit une terre épuisée par deux ensemencements successifs ; qui, en un mot, est obligé de souffrir pendant un mois de plus la présence d'un voisin souvent incommode, la récolte des sarrasins ne se faisant que long-temps après la moisson des grains d'hiver.

Voir pour la distinction entre les grains d'hiver et les grains d'été, les notes de l'art. 4.

PARAGRAPHE II.

*Règles particulières à l'entrée en jouissance
à la Saint-Michel.*

9. Dans le canton d'Antrain, l'entrée en jouissance des fermiers et des locataires a lieu le jour Saint-Michel, à midi.

A défaut de stipulation expresse, le

paiement des fermages et des loyers n'est exigible qu'en un seul terme après jouissance , le jour Saint-Michel suivant.

N. = Voir ce qui est dit à l'article premier. Les mêmes raisons sont applicables dans les deux cas.

Le jour Saint-Michel est préférable pour la sortie et pour l'entrée en jouissance , il n'est malheureusement de règle générale que dans le canton d'Antrain ; dans les autres cantons , quelques propriétaires ont adopté cet usage : les règles qui vont être établies ci-après leur sont applicables d'après l'avis de tous les experts. Ces règles sont puisées pour la plupart dans l'usage d'Avranches, où la Saint-Michel est uniquement observée comme époque d'entrée et de sortie.

Les articles 9, 10, 11, 12, 13, 14, 15, 16, 17, 18 et 19 ne sont relatifs qu'à l'entrée de la Saint-Michel.

10. *Choux-brocoli.* Le fermier sortant doit laisser au fermier entrant un plant de choux-brocoli dits choux communs, plantés à la Toussaint qui précède la sortie ; la grandeur de ce plant doit être proportionnée aux besoins de la ferme : le fermier sortant est réputé l'avoir reçu sans indemnité à son entrée en jouissance.

N. = Voir ce qui est dit sur l'art. 5.
Le fermier sortant est, d'après l'usage, réputé avoir reçu sans indemnité un plant de choux-

brocoli, sauf la preuve contraire qui lui est toujours réservée ; il est obligé de le faire lui-même et de l'engraisser convenablement. La différence de cet usage avec celui consacré dans l'art. 5, vient de ce que de la Toussaint à la Saint-Michel il y a un espace de temps pendant lequel le fermier entrant serait dans l'impossibilité de veiller à la conservation de son plant de choux, qui reste sous la surveillance et sous la responsabilité du fermier sortant. La grandeur du plant doit être proportionnée aux besoins de la ferme : c'est aux experts à décider, d'après les circonstances et l'usage des fermiers voisins et du fermier sortant, pour les années antérieures.

11. *Légumes d'été*. Le fermier entrant a droit de planter des légumes d'été à la Saint-Jean qui précède son entrée, suivant les besoins présumés de la ferme. (1728, 1777.)

N. = Voir ce qui est dit sur l'art. 5.

En cas de contestation, l'on doit admettre, quant à la grandeur du plant de choux et à l'espace occupé par les légumes d'été, que le tiers au moins des jardins doit être laissé à la disposition et au profit du fermier entrant.

12. *Foins*. Les foins de l'année appartiennent au fermier entrant, le fermier sortant n'y a aucun droit ; il est présumé les avoir reçus à son entrée.

Le fermier sortant profite des regains jusqu'au jour de sa sortie, pourvu qu'il les fasse paître convenablement.

N. = Tous les foins de l'année sont récoltés par le fermier entrant, le fermier sortant n'y a aucun droit; tel est l'usage qui en définitive établit un droit de réciprocité, le fermier a profité des foins à son entrée; s'il les laisse à sa sortie, il les retrouvera sur sa nouvelle exploitation; il y a échange entre les fermiers, et les frais de transport sont évités. C'est le fermier entrant à la Saint-Michel qui fait lui-même la récolte des foins, quoiqu'il ne soit pas en jouissance de la ferme. Dans certaines localités, c'est le fermier sortant qui récolte pour le fermier entrant. Notre usage est peut-être plus convenable, quoiqu'il y ait souvent difficulté pour la récolte; mais si l'on chargeait le fermier sortant de cette récolte, il n'y apporterait peut-être pas tous les soins convenables, car il n'y est pas intéressé comme à Rennes, par exemple, où un quart de la récolte lui est accordé.

Le fermier sortant prête habituellement au fermier entrant ce qui lui est nécessaire à cet égard.

Quant aux regains, ils appartiennent nécessairement au fermier sortant jusqu'au jour de sa sortie; lui seul peut les faire paître et veiller utilement à leur entretien, qui demande des soins continuels.

13. *Prairies artificielles. Epargne.* Les fourrages provenant des prairies artificielles appartiennent au fermier sortant; il peut en disposer comme bon lui semble, mais

une fois le fourrage enlevé il doit laisser la pièce de terre en épargne.

N. ⚏ Les fourrages provenant des prairies artificielles sont une récolte qui dépend de l'exploitation industrielle du fermier.

L'usage veut que le propriétaire n'ait pas le droit de les retenir même en les payant ; cet usage paraît au premier abord contraire à l'intérêt de l'agriculture, car les fourrages consommés sur la ferme auraient produit un engrais abondant ; mais en résultat il y a compensation et même avantage pour le fermier entrant, qui trouve une pâture abondante pour la nourriture de ses bestiaux, le fermier sortant étant obligé, les fourrages enlevés, de laisser la pièce de terre en épargne : il y aurait d'ailleurs injustice, vu la règle posée dans l'article précédent à priver le fermier sortant de la seule ressource qui lui reste pour nourrir ses bestiaux ; c'est une récolte qu'il s'est ménagée et qui provient la plupart du temps des bons soins donnés à la culture de la ferme qu'il occupe.

14. *Grains d'été.* Le fermier entrant ne peut faire aucuns grains d'été avant son entrée en jouissance : il ne peut semer de trèfle dans les labours du fermier sortant, à moins de convention expresse.

N. ⚏ L'usage, ou la défense consacrée par cet article, semble au premier abord contraire à l'intérêt de l'agriculture, en ce qui concerne l'ensemencement des trèfles permis par l'article 4, en cas de sortie à la Saint-Georges ; mais il y aurait des inconvénients graves qui proviennent de l'époque d'entrée en jouissance à la Saint-Michel auquel cet article est relatif. Si le fermier entrant pouvait semer du trèfle, il faudrait qu'il restât sa propriété exclusive, et que le fermier sortant ne pût faire paître la pièce de terre dans laquelle il serait ensemencé, car autrement il aurait semé et un autre récolterait, ce qui arriverait nécessairement, car depuis le commencement d'août, temps auquel se fait habituellement la récolte, jusqu'au vingt-neuf septembre, le fermier sortant ne peut être privé du droit de faire paître l'herbe de ses pièces de terre; il est donc nécessaire qu'un arrangement amiable intervienne.

15. *Sarrasin.* Le fermier sortant doit ensemencer en sarrazin ou en toute autre plante équivalente, un tiers de la terre labourable dont il a droit de disposer d'après l'usage. (Art. 1728 , 1766.)

N. = Dans le cas de sortie à la Saint-Georges, on défend de faire plus d'un sixième de sarrasin; dans le cas de sortie à la Saint-Michel, on doit au contraire en faire la plus grande quantité possible. La raison de cette différence n'est basée que sur l'époque différente de la sortie, car le retour de sarrasin est bien préférable pour l'ensemencement de l'année suivante. Il est donc à désirer que l'on fasse même, en cas de sortie à la Saint-Georges, la plus grande quantité possible de sarrasin. Mais ce n'est pas en sarrasin seulement que l'on peut ensemencer ce tiers; il est impossible de fixer un genre de culture certain. C'est par ce motif qu'on peut laisser un autre compôt équivalent.

2

16. Le fermier sortant a jusqu'au jour de Noël pour recueillir et enlever les poires, pommes et fruits qui n'arrivent à maturité qu'après sa sortie. (1777.)

N. = Les fruits de l'année appartiennent au fermier sortant ; il faut qu'il ait un délai suffisant pour les recueillir. L'usage consacré par notre article est conforme à l'usage de Rennes. C'est une récolte restant à faire, pour laquelle un délai doit être accordé aux termes de l'art. 1777.

17. *Granges, pressoir, cave.* Le fermier sortant a le droit d'engranger ses grains, de pressurer ses poires et ses pommes, d'encaver son cidre, autant que la ferme le comporte. Il jouit à cet effet de la grange, du pressoir et de la cave, jusqu'au jour de Noël, suivant l'importance des logements et eu égard aux besoins du fermier entrant. (1777.)

N. = Cet article est la conséquence de l'article 1777. L'époque de Noël est d'usage général.

18. *Greniers à foin.* Le fermier sortant est tenu de laisser à la disposition du fermier entrant les greniers à foin, suivant les besoins de la récolte. (1777.)

N. = Si le fermier sortant avait du foin de

réserve, il ne pourrait être contraint de l'enlever; il devrait seulement le placer convenablement pour que le fermier entrant puisse loger le sien.

19. *Pommes de terre et navets.* Les pommes de terre et les navets appartiennent au fermier sortant qui a droit de les recueillir jusqu'au 15 octobre, et au plus tard au jour Toussaint qui suit la sortie. (1777.)

N. = Les pommes de terre et les navets sont des fruits qui n'arrivent à maturité qu'après le 29 septembre, on accorde le délai du 15 octobre et même de la Toussaint pour les recueillir.

Ici s'élève une question qui n'est pas sans difficulté. Quelle quantité de pommes de terre et de navets peut être faite par le fermier sortant? L'usage n'a pas déterminé d'une manière positive quelle serait cette quantité. Elle doit d'après l'opinion généralement admise, être proportionnée aux besoins ordinaires de la ferme, suivant le mode de culture adopté par le fermier sortant pour les années précédentes. C'est aux experts et aux juges à décider la question.

PARAGRAPHE III.

Règles communes aux deux entrées en jouissance de la Saint-Georges et de la Saint-Michel.

1° Des congés à fin de sortie.

20. *Loyers.* Si le bail d'une maison entière ou d'un appartement, avec ou sans jardin, d'un bâtiment séparé, d'un jardin à légumes, est sans écrit, le délai du congé à fin de sortie est de trois mois.

S'il s'agit d'un moulin, d'une usine, d'une auberge, d'un magasin, d'un pensionnat, d'une boutique, ce délai est de six mois.

Le délai est d'un an s'il s'agit d'une verrerie, d'une papeterie, d'une manufacture.

Le délai est de quinze jours pour les loyers loués au mois, et dans ce cas seulement il est d'usage que le congé soit donné en présence de témoins. (1736 , 1759.)

N. = *Maison ou appartement avec ou sans jardin.* Le jardin, quelle que soit son importance, est toujours l'accessoire de la maison; c'est un fonds urbain soumis à l'application des articles 1736, 1759.

Bâtiment séparé. Ces mots ont trait aux étables, écuries et tous autres édifices loués séparément.

Jardin à légumes. Un jardin à légumes loué séparément, soit à la ville, soit à la campagne, n'est point un fonds rural dans le sens des art. 1774, 1775, 1776. C'est d'après la distinction du droit romain un fonds urbain qui ne sert que d'accessoire à la maison à laquelle il est momentanément adjoint.

Moulin. Quel que soit son importance et ses accessoires, soit prairies, soit pièces de terre, le mou-

lin étant le principal objet du contrat de louage,
les accessoires suivent sa condition. (Arrêt du 29
novembre 1809, Cour de Bruxelles.)

Usines. Sont comprises sous ce nom toutes sortes
d'usines, à l'exception des verreries, papeteries et
manufactures.

Auberge. On entend par auberges les hôtels ou
hôtelleries où on loge à pied et à cheval ; les ca-
barets sont soumis, ainsi que les cafés, à la règle
ordinaire de trois mois, quelle que soit leur importance.

Loyers au mois. Le délai de quinze jours est
tiré de l'usage de Rennes, mais il ne comprend
pas les appartements garnis, loués aux militaires
en activité de service qui ne sont censés loués
qu'au jour. (Interprétation d'une loi du premier
complémentaire an 7.)

Magasin. Tout dépôt de marchandises.

Boutique. Il faut que le locataire soit patenté.
Peu importe la valeur du loyer, dès-lors qu'il y a
boutique, la règle de six mois est applicable, mais
il faut qu'il soit clairement démontré qu'il y ait
boutique, car dans le doute, ce délai de trois mois
serait applicable suivant la jurisprudence du tribunal.

21. Dans les espèces posées par l'art.
20, si à l'expiration des baux écrits, le
premier reste et est laissé en possession,
il s'opère un nouveau bail et les délais du
congé sont les mêmes que si le bail était
fait sans écrit. (1738, 1759.)

N. = Il y a tacite reconduction fondée sur le

consentement présumé des contractants. Les délais pour donner congé doivent être les mêmes que si le bail était fait sans écrit. Il y aurait eu de graves inconvénients à faire revivre la durée du bail écrit, car bien que le preneur soit réputé jouir aux mêmes conditions, le bailleur n'a souvent plus les mêmes garanties que pour le bail écrit. La caution, par exemple, ne s'étend pas aux obligations résultant de la prolongation (art. 1740), et l'hypothèque ne s'étend pas à la tacite reconduction. (Devolant, p. 134; Perchembault, p. 229 et 230; Duranton, t. 17 n° 125.) L'hypothèque ne peut s'établir tacitement; il faut une convention expresse et exprimée dans les formes voulues par la loi.

22. *Fermes, pièces volantes, bois taillis.* Le bail d'une ferme, d'une closerie d'une ou plusieurs pièces de terre détachées, dites pièces volantes, fait sans écrit, est censé fait pour trois ans.

Le bail d'un bois taillis seul est censé fait pour neuf ans. Si à l'expiration des baux écrits, le preneur est laissé en possession, il s'opère un nouveau bail dont la durée est la même que si le bail était fait sans écrit. Dans aucun cas il n'est nécessaire de donner congé, mais cependant lorsque le bail, soit écrit, soit verbal, est fait pour 3, 6 ou 9 ans, avec faculté aux parties de résilier à la fin de chaque période, le congé, à fin de sortie, doit être donné un an à l'avance. (Art. 1774, 1775, 1776.)

N. = L'assolement ordinaire de l'arrondissement de Fougères est de trois ans. Les pièces de terre détachées, dites pièces volantes, suivent la condition des fermes, quoiqu'à la rigueur il n'y ait pas assolement et qu'elles ne soient pas soumises à la règle du tiers. (art. 38.) Mais l'usage est tellement constant qu'on n'a pu hésiter à l'établir. Les pièces volantes sont le plus souvent la dépendance d'une ferme appartenant à un autre propriétaire et à laquelle elles sont adjointes. De là l'usage établi de ne considérer comme pièces volantes que les portions de terre qui sont données à ferme sans leurs accessoires nécessaires pour la consommation des fourrages et l'engrangement des récoltes, tels que granges, étables, etc. ; mais dès-lors qu'il y a grange et étable, il y a ferme d'après l'usage, la maison d'habitation dépendît-elle d'une autre exploitation. Cette distinction est importante pour la solution de diverses questions résolues. (V. les art. 3o, 31, 32.)

Bois taillis. Le bois taillis se trouve rarement affermé seul; il faut alors qu'il soit d'une certaine importance. L'usage a fixé à neuf ans la durée présumée du bail. Il faut ce temps pour que les coupes soient faites utilement et pour que le preneur puisse recueillir les fruits de l'objet affermé. Mais si le bois taillis est l'accessoire d'une ferme, il suit sa condition. On ne peut couper le bois qu'en jets de six ans, comme il sera dit en l'art. 41.

Si le bail est de 3, 6 ou 9 ans, avec faculté de résilier à la fin de chaque période, l'usage a de déterminer un délai de congé. Ce délai est d'un an, afin que le fermier puisse avoir le temps de se pourvoir d'une nouvelle ferme, et réciproquement le propriétaire se pourvoir d'un nouveau fermier. Le délai est plus long que dans le cas de bail à loyer, par le motif que le contrat, soit verbal, soit écrit, a trait à un fonds rural qui demande des travaux préparatoires d'une année pour l'autre. Le délai d'un an est en vigueur à Rennes.

Congé. Il n'est pas nécessaire, dans les autres cas, de donner congé. L'art. 1736 mis sous la rubrique des règles communes aux baux des maisons et des biens ruraux, avait fait élever quelqu'incertitude sur la nécessité d'un congé. Quant aux biens ruraux, la jurisprudence a tranché la question dans le sens de notre article. (Arrêt de la cour de Rennes du 6 août 1813.)

Mais il peut s'élever une difficulté sérieuse : s'il est impossible de déterminer le commencement de la période et conséquemment où elle finit.

On admet généralement comme moyen de sortir d'embarras, de donner congé un an à l'avance, la sommation doit être faite, soit par le propriétaire, soit par le fermier, suivant que l'un ou l'autre veut reprendre la ferme ou la quitter. En cas de refus de répondre à la sommation, l'époque indiquée par la sommation semble devoir être admise par le juge.

23. *Loyers qui ne constituent pas une ferme.* Si les immeubles qui font l'objet du bail consistent dans une maison, un jardin, plus une pièce de terre nommée friche ; si en un mot il y a incertitude, s'il y a bail d'un fonds rural ou d'un fonds urbain, le délai à fin de congé doit être donné trois mois à l'avance. Si cependant la pièce de terre seule se trouve d'un revenu supérieur au reste du loyer ; si en même temps on y fait habituellement des labours, il y a bail d'un fonds rural soumis à l'application de l'art. 21.

N. = Le jardin et la chenevière ne sont que l'accessoire du loyer, et suivant sa condition il y a bail d'un fonds urbain. (Arrêt précité de 1809.) Mais si la pièce de terre jointe à la maison est d'un revenu supérieur au reste du loyer, si en même temps on y fait du froment, des labours, si, suivant le dire des anciens, la charrue y passe, la pièce de terre devient le principal objet du bail, il y a fonds rural, si surtout le locataire est dans l'habitude d'avoir une vache.

2° Des réparations locatives et de menu entretien mises par l'usage à la charge des fermiers et des locataires.

24. Les art. 1754 et 1755 du Code civil sont, d'après l'usage, communs aux fermiers et aux locataires ; le même usage met à leur charge, par extension desdits articles, les réparations suivantes :

N. = L'art. 1754 et l'art. 1755, mis sous la rubrique des baux et loyers, sont ainsi conçus : Art. 1754. Les réparations locatives et de menu entretien dont le locataire est tenu, s'il « n'y a clause » contraire, sont celles désignées par l'usage des

» lieux, et entre autres les réparations à faire aux
» âtres, contrecœurs, chambranles et tablettes des
» cheminées, au recrépiment du bas des murailles
» des appartements à la hauteur d'un mètre.

» Aux pavés et carreaux des chambres, lorsqu'il
» y en a seulement quelques-uns de cassés ; aux vi-
» tres, à moins qu'elles ne soient cassées par la
» grêle ou autres accidents extraordinaires et de
» force majeure, dont le locataire ne peut être tenu.

» Aux portes, croisées, planches de cloison ou
» fermeture de boutique, gonds, targettes et ser-
» rures.

» Art. 1755. Aucune des réparations réputées
» locatives n'est à la charge des locataires, quand
» elles ne sont occasionnées que par vétusté ou
» force majeure. »

L'art. 1754 reçoit de nombreuses extensions,
comme il sera dit ci-après. Quand à l'art. 1755 il
reçoit, d'après l'usage, quelques modifications, qui
sont motivées sur le consentement tacite des contractants ; le preneur sait à quelles obligations il est
tenu par l'usage : c'est sur cette base qu'il est censé
avoir consenti à payer tel ou tel prix ; c'est aussi
d'après le même principe que le preneur de biens
ruraux est réputé avoir consenti tacitement aux
obligations imposées par l'art. 1754 et par l'usage
local, qui n'a force de loi que pour les cas non
prévus par le bail.

Les articles suivants n'ont point trait aux dégradations provenant de la faute des fermiers et des
locataires et des gens à leur service (1732, 1735) ;
elles entrent dans le droit commun. Il est souvent
difficile de saisir la différence qui existe entre les
réparations réputées locatives et les dégradations ;
de là la nécessité des procès-verbaux détaillés que
l'on a coutume de dresser au jour de l'entrée et

de la sortie. Il est à regretter que dans notre arrondissement l'usage de ces procès-verbaux ne soit pas plus fréquent, et surtout qu'on n'apporte pas dans leur rédaction tout le soin convenable.

Espérons que, grâce aux progrès toujours croissants de l'instruction publique, nous pourrons arriver à cet heureux résultat, que les fermiers et les locataires pourront eux-mêmes rédiger ces procès-verbaux.

25. Les fermiers où locataires sont tenus, 1° du ramonage des cheminées ; 2° du nettoiement des vitres ; 3° de l'entretien des poulies et des marzelles des puits ; 4° de l'achat et de l'entretien des cordes des puits, qui sont censées leur appartenir, sauf la preuve contraire ; 5° des réparations aux fourneaux et lavoirs ; 6° de l'achat et de l'entretien des crémaillères non scellées, qui sont censées leur appartenir, sauf la preuve contraire.

N. = Les réparations spécifiées dans cet article sont de droit commun dans toute la forme. (Voir Pothier, Desgodets, Dalloz.) Le dommage causé provient ordinairement de la faute des fermiers et des locataires.

Quant aux cordes des puits et aux crémaillères des cheminées, elles sont censées appartenir aux fermiers et locataires, qui sont dans l'habitude de les fournir ; mais si la corde du puits est en fer, il y a chaîne que le propriétaire est réputé avoir fournie. Si la crémaillère et son crémaillon sont scellés à perpétuelle demeure, ils appartiennent au propriétaire, sauf la preuve contraire.

26. Le fermier et le locataire sont tenus de récrépir les murailles intérieures des maisons d'habitation et de leur donner à leur sortie, ainsi qu'au plafond, un blanc au lait de chaux, qu'ils sont censés avoir reçu à leur entrée, sauf la preuve contraire.

N. = L'usage donne, d'après cet article, une extension à l'art. 1754. Cette extension est autorisée par les termes mêmes de cet article : C'est au fermier qu'incombe le fardeau de la preuve : le principe posé par notre article est juste; il y a présomption que les dégradations proviennent de la faute du preneur; quant au blanc au lait de chaux, il est dans l'intérêt du preneur de l'exiger à son entrée. Son habitation sera plus saine et plus agréable. On doit, d'après l'usage, donner trois couches de lait de chaux.

Mais il y a des habitations qui n'ont pas de récrépiment, et auxquelles le blanc de chaux n'est pas applicable. Dans ce cas, le fermier ou le locataire ne peuvent entretenir ni réparer une chose qui n'existe pas.

Maisons d'habitation. La présomption que les dégradations proviennent de la faute des fermiers et des locataires, n'existe que pour les maisons d'habitation; dans le cas prévu par l'art. 26, il y a réparation locative; quant aux autres logements tels que caves, celliers, il y a dégradation soumise aux règles ordinaires du droit. (Art. 1382, 1730, 1731.)

27. *Tapisseries.* Le propriétaire est réputé avoir fourni les tapisseries des appartements non garnis. L'entretien de ces tapisseries est à la charge des locataires : s'ils en ont fait placer à leur entrée où il n'en existait pas, ils peuvent en disposer à leur sortie, en rétablissant les lieux dans leur état primitif.

N. = Le propriétaire est réputé avoir mis sa maison en état et avoir fourni les tapisseries; il arrive souvent, et surtout pour les maisons nouvellement construites dans la ville de Fougères, que le locataire fournit les premières tapisseries; dans ce cas, l'usage lui permet de les enlever à sa sortie, pourvu qu'il rétablisse les lieux dans leur primitif état; mais si le locataire ne fait que changer une tapisserie déjà existante, soit qu'elle soit usée, soit qu'elle ne lui convienne pas, il a le droit de le faire, pourvu qu'il fournisse une tapisserie d'égale valeur; mais, dans ce cas, elle reste au propriétaire, c'est une réparation d'entretien qui est à la charge du locataire, qui ne peut forcer le propriétaire à lui donner une tapisserie neuve, à moins de convention expresse.

28. Les fermiers et les locataires sont tenus de dresser et d'entretenir le sol en terre des maisons et logements, d'entretenir les cours à leur niveau, s'ils en ont abaissé le sol par l'enlèvement des boues et des fumiers, de réparer l'aire à battre

le grain et de la mettre en bon état à leur sortie, d'entretenir la maçonnerie sous le seuil des divers logements.

Ils sont de plus tenus de réparer et d'entretenir les allées des jardins, de tailler deux fois les vignes, bordures et haies et arbres fruitiers, de fournir les gaules et tuteurs ; le tout conformément à l'état dans lequel ils ont reçu les lieux.

Ils sont aussi tenus de faire l'échenillage, conformément aux réglements de police.

N. = Les obligations ci-dessus résultent de l'art. 1728, qui prescrit au preneur de jouir en bon père de famille et suivant la destination de l'objet affermé.

Les dégradations apportées à la maçonnerie sous seuil, proviennent toujours du défaut de soin des fermiers et des locataires, qui négligent de faire à propos une réparation de minime importance. Les bestiaux, et surtout les porcs, sont la principale cause de ces dégradations, parce qu'on ne les surveille pas, qu'on ne prend pas les précautions utiles : c'est avec raison que l'usage a mis ces réparations à la charge du preneur; mais s'il y a vétusté ou force majeure, le bailleur en est tenu; il ne s'agit que d'un simple entretien de la maçonnerie. La preuve incombe au fermier, il y a présomption contre lui.

29. *Porte d'entrée, Pavé.* **Les locataires**

du rez-de-chaussée sont tenus de fermer la porte commune qui sert d'entrée à l'habitation; ils sont de plus tenus de balayer le pavé, le tout conformément aux réglements de police.

N. = L'usage consacré par cet article est la conséquence de la place qu'occupent les locataires dans la maison commune; c'est une charge qui leur incombe dans l'intérêt de tous, charge à laquelle ils ne sont tenus que conformément aux réglements de police.

30. *Couvertures (bail à ferme).* Le fermier est chargé de tenir les couvertures des bâtiments en bon état de réparation, et de les refaire en entier ou en partie, sauf ce qui sera dit ci-après. Il fournit le glui des couvertures en paille, autant qu'il est possible d'en recueillir sur la ferme, il le fait placer à ses frais et profite de la vieille paille.

Le propriétaire fournit les ardoises, la latte, le clou, l'aissente et le lignolet; il peut cependant indiquer sur la ferme un ou plusieurs pieds d'arbres, le fermier les exploite, fait confectionner la latte, l'aissante et le lignolet, les fait placer à ses frais, et, dans tous les cas, profite de tous les détraits ainsi que des vieux matériaux, pourvu qu'il puisse les consommer sur la ferme.

N. = Toutes les fois que le mot fermier est employé seul, il ne s'agit que des fermes et non des loyers qui ne constituent pas une ferme.

L'obligation de réparer et d'entretenir les couvertures est une charge onéreuse pour le fermier; mais l'usage est tellement constant, si universellement reconnu, qu'on n'a pu hésiter un instant·à le poser comme règle. La seule compensation que le fermier puisse trouver, consiste dans les vieux matériaux, encore faut-il qu'il utilise ces matériaux, qui peuvent encore être employés, et qu'il fasse les réparations assez à temps pour qu'il puisse consommer sur la ferme ceux qui ne peuvent servir, qu'il les brûle ou les fasse servir à l'utilité de sa maison ou de la ferme. Cette obligation a pour but de prévenir le mauvais vouloir de quelques fermiers, qui attendent au jour de leur sortie à faire des réparations devenues urgentes depuis long-temps, afin d'emporter sur une autre ferme les nombreux débris provenant des lattes et des aissantes.

Dans la *commune* de Fougères, les maisons et édifices ne peuvent être couverts qu'en ardoises, métal, terrasse, pierre, mortier, et en général en toutes matières qui, n'étant pas combustibles, ne sont pas proscrites, comme le bois et la paille, etc. (Art. 10 de l'arrêté du 8 décembre 1835, confirmé par ordonnance royale du 2 février 1837; art. 24 et 25 de l'arrêt du conseil d'état du roi du 25 avril 1752.) Ces articles ne concernent que la commune de Fougères. Quoique l'arrêté de 1835, art. 10, se serve du mot *commune*, il paraîtrait cependant, si on s'en rapporte à ce qui existe, que cet article n'est pas applicable aux biens ruraux qui avoisinent la ville, il ne concerne que la ville et les faubourgs; il y a en tout cas tolérance qui semblerait fonder un usage conforme d'ailleurs à la raison et à l'arrêté de 1752.

31. En cas de réfection entière d'un édifice ancien tombé en ruine ou détruit par cas fortuit, le fermier qui a joui plus de trois ans n'est tenu que du tiers des obligations à lui imposées par l'art. 30.

S'il n'a pas trois ans de jouissance, ou s'il s'agit d'un édifice nouveau, il n'est tenu d'aucune contribution aux couvertures.

Si la couverture, soit entière, soit partielle, est enlevée par coup de vent ou par toute autre force majeure, le fermier n'est tenu que du tiers des réparations, quel que soit son temps de jouissance.

N. = Le fermier sur la ferme duquel on rebâtit un ancien bâtiment dont on suppose les couvertures en mauvais état, eût été tenu, d'après l'article précédent, d'entretenir cette couverture en bon état pendant le reste de son bail; le tiers qui lui est imposé représente les trois années pendant lesquelles il a joui et l'entretien pendant le reste du bail, il y a avantage pour lui, car il profite de tous les débris, et la couverture neuve ne demandera aucun entretien pendant plusieurs années;

mais s'il n'a point joui pendant trois ans (et il fallait déterminer un temps certain), s'il s'agit d'un édifice nouveau, il ne peut être tenu d'aucune contribution, à moins de convention expresse.

Force majeure. La dernière disposition de notre article est une dérogation à l'art. 1755. Cette dérogation est juste en elle-même et tend à prévenir un abus qui se rencontre fort souvent. Le fermier dont les couvertures sont en mauvais état peut, au moyen d'une ruse bien connue, invoquer la force majeure et se dispenser de faire les réparations mises à sa charge : quand il vente fort, il n'a qu'à ouvrir les fenêtres et gerbières, le vent s'engouffre et la couverture en paille s'envole au gré du vent. On conçoit facilement qu'il serait presqu'impossible au propriétaire de faire la preuve d'un fait semblable. C'est pour parer à pareil inconvénient que le fermier est tenu du tiers des dégradations causées par force majeure, quel que soit son temps de jouissance; mais le fermier doit être admis à prouver, surtout s'il finit son bail, qu'il n'y a pas de sa faute.

L'usage suppose d'ailleurs, dans tous les cas, une convention tacite entre le bailleur et le preneur.

32. *Couvertures (bail à loyer).* Dans le cas de bail à loyer avec ou sans friche, soit à la ville soit à la campagne, même dans le cas de l'art. 23 *in fine,* les réparations et l'entretien des couvertures sont à la charge du propriétaire.

N. = Il n'existerait aucun motif plausible de

mettre à la charge du locataire les réparations et l'entretien des couvertures; il n'y a point de glui à récolter et il n'y a point de bois des débris duquel il puisse profiter. L'importance et l'exploitation n'existe plus, il n'y a pas les mêmes facilités; tel est au surplus l'usage qui préside aux conventions des parties contractantes.

Par la même raison, s'il n'y a que simple ferme dans le sens de l'art. 23, *in fine*, le locataire et le fermier ne peuvent être tenus de la réparation et de l'entretien des couvertures.

33. *Echelles, Crèches, etc.* Le fermier est tenu de faire confectionner à ses frais et d'entretenir les échelles, crèches, rateliers, auges, nocs, claies, barrières, dont la ferme peut avoir besoin ; le bois étant fourni par pied sur la ferme, il profite de tous les débris de l'arbre exploité, à moins que le propriétaire ne fournisse ces objets prêts à être placés.

N. = Pour expliquer ces divers usages, il faut se reporter à l'habitude qu'ont les propriétaires de désigner sur la ferme tel ou tel pied d'arbre pour faire confectionner tel ou tel objet utile à la ferme; le fermier qui ne peut contraindre son propriétaire à lui fournir du bois de chauffage se trouve profiter d'une charge d'entretien qui, en résultat, tourne à son avantage; mais, en tout cas, le propriétaire peut faire confectionner les claies, barrières, etc., car il ne peut être forcé de faire un don véritable à un fermier négligent et mal intentionné, qui, dans tous les cas, est obligé de charroyer et de placer à ses frais les objets ci-dessus désignés.

Les brayes à broyer le chanvre *sont la propriété du fermier sortant*, bien qu'il arrive le plus souvent que le propriétaire ait donné le bois; mais il en est des brayes comme des autres dons faits par le propriétaire à un fermier dont il est satisfait, *donner et retenir ne vaut*.

34. Le fermier qui n'a pas trouvé à son entrée les objets spécifiés dans l'art. 33, et les branchages destinés à porter les fourrages placés pendant la jouissance, est tenu de les laisser sans indemnité à sa sortie; le propriétaire est réputé les avoir fournis, sauf la preuve contraire.

N. = Les objets spécifiés dans les art. 33 et 34 sont réputés immeubles par destination (art. 524); le propriétaire a l'habitude de les fournir; si cependant le fermier, sur le refus du propriétaire, avait été forcé de les acheter, il lui serait dû indemnité par le propriétaire qui voudrait les retenir; il pourrait même les enlever.

35. *Haies et Fossés.* Le fermier et le locataire sont tenus d'entretenir les haies vives, sèches et en terre, de manière qu'elles soient défensables.

Ils doivent aussi entretenir en bon état les fossés des haies suivant la largeur et la profondeur voulues par l'usage.

N. = Ces obligations constituent une réparation de menu entretien résultant de l'art. 1728; le preneur est réputé avoir reçu les lieux en bon état; il doit jouir en bon père de famille et pour le plus grand bien de l'objet affermé.

Défensable. Pour qu'une haie soit défensable, il faut qu'elle soit ce que l'on nomme bien nourrie dans toutes ses parties, afin que les animaux ne puissent la franchir. (Voir pour la hauteur des haies et pour la profondeur des fossés l'art. 57.)

36. *Chemins d'exploitation et de servitude.* L'entretien des chemins de servitude existant sur la ferme et servant à son exploitation, est à la charge du fermier. Il doit curer et nettoyer les rigoles et fossés qui longent la propriété, et contribuer pour sa part afférente à la ferme, à l'entretien des chemins servant à plusieurs exploitations. Il est réputé avoir reçu le tout en bon état.

N. = Ces obligations proviennent encore de l'art. 1728. Le fermier doit jouir comme le propriétaire lui-même; le bon entretien des chemins d'exploitation, des rigoles et des fossés, est une condition inhérente à toute exploitation. Si le fermier les a reçus en mauvais état, il est de son intérêt de ne pas les maintenir tels, surtout en ce qui concerne les chemins privatifs. Quant aux chemins communs, les fermiers n'étaient pas bien convaincus, il y a quelques années, de l'importance qu'il y a pour eux d'avoir de beaux chemins d'exploitation; les propriétaires eux-mêmes, soit ignorance, soit faute de s'entendre, étaient insouciants à cet égard, mais depuis quelque temps ils ont mieux conçu leurs intérêts. Grâce aux soins de l'administration municipale habilement dirigée, les chemins vicinaux sortent de l'état fangeux auquel ils étaient abandonnés. L'exemple a été contagieux, et cette fois en bonne part. Les fermiers ont pu concevoir qu'avec un peu de soins et peu de travail ils pouvaient rendre leur exploitation plus facile. Mais il leur manque une chose essentielle pour arriver à un résultat utile; c'est l'esprit d'association. Chacun rejette sur son voisin le soin de réparer le chemin commun, surtout en ce qui concerne les chemins d'utilité générale, tels que les chemins publics d'exploitation non déclarés vicinaux. Il serait cependant si facile de s'entendre. Ce serait de contribuer par village, d'après une répartition amiable faite par un conseil composé de tous les intéressés, ou d'après la décision d'un arbitre nommé à cet effet. (Voir au reste quant au mode de réparation et quant aux obligations de chaque fermier, l'art. 62.)

37. Le fermier et le locataire sont tenus de faire avant le jour de leur sortie les réparations auxquelles ils sont assujétis, soit par leur bail, soit par la loi, soit par l'usage. Il n'est accordé aucun délai de grâce.

N. = Un arrêt du 27 mai 1834 (Cour royale de Rennes), reconnaît que dans certaines localités il peut y avoir des délais de grâce pour faire les réparations de sortie, et que ces délais doivent être observés si l'usage est constant. L'usage de l'arrondissement rejette tout délai de grâce. Le preneur ne peut même faire les réparations après sa sortie ; il doit des dommages-intérêts d'après la jurisprudence des juges de paix. Cette manière de décider la question est juste et équitable. Si le fermier faisait lui-même ses réparations, il les ferait le plus mal possible, et de là naîtraient de nombreuses difficultés.

Il est aussi de jurisprudence que l'action du propriétaire contre le fermier et le locataire ne dure qu'un an à partir du jour de la sortie. Cette prescription établie par l'usage est fondée sur l'intérêt bien entendu des parties. Le propriétaire ne peut prendre cause d'ignorance ; il a dû être averti par le fermier entrant qui a intérêt de prendre les choses en bon état. D'un autre coté, il sera impossible au bout de quelques années d'obtenir la preuve certaine que les lieux étaient dans tel ou tel état au jour de la sortie. Le propriétaire qui les aura reçus par l'intermédiaire du fermier entrant sera réputé les avoir reçus en bon état, car ce dernier est réputé lui-même les avoir pris tels (art. 1731). Au bout d'un an, il y a d'après l'usage renonciation tacite à l'action de la part du propriétaire.

Quoiqu'il en soit de cette prescription, on ne fait que consacrer l'usage reçu. Cet usage est utile. En tous cas, la prescription ne peut durer plus de 5 ans (art. 2277.). Le prix des fermages et des loyers se prescrit par 5 ans. Or le paiement des fermages et des loyers est la principale obligation des fermiers et des locataires : le reste n'est que l'accessoire, et l'accessoire doit suivre le principal.

Ici se présente une question usuelle du plus grand intérêt.

Quelles actions sont accordées au fermier entrant contre le fermier sortant et réciproquement ?

1° Il n'est pas douteux que le fermier entrant et le fermier sortant ont action réciproque pour l'exercice des droits résultants de l'art. 1777. Le propriétaire n'est souvent pas sur les lieux ; l'intérêt de l'agriculture demande une prompte solution. Ce n'est point d'ailleurs le propriétaire qui est le véritable intéressé ; c'est le fermier entrant. Le débat doit donc se vider entre lui et le fermier sortant qui, de son côté, peut invoquer l'exercice des droits résultants de l'art. 1777.

2° Mais le fermier entrant a-t-il action personnelle et en nom contre le fermier sortant pour défaut de réparations locatives et de menu entretien ; a-t-il, en un mot, action en dommages-intérêts contre lui ?

Deux arrêts de la Cour royale de Rennes en date du 11 mai 1815 et 23 août 1819, semblent décider l'affirmative, pourvu qu'en cas d'exception le propriétaire soit mis en cause, par le motif que la présomption résultant de l'article 1731 donne au fermier entrant droit à une action qui, si elle était refusée, tendrait à lui causer un grave préjudice. Il doit veiller aux intérêts du propriétaire, parce qu'en définitive c'est sur lui que retomberait la faute du fermier sortant qui est réputé lui avoir livré les lieux en bon état, du moment qu'il est entré en jouissance.

La jurisprudence des juges de paix semble contraire à ces arrêts, surtout depuis quelques années. Il est cependant d'usage que le fermier entrant et le fermier sortant vident toute contestation à l'amiable s'il en survient à cet égard, sans que le propriétaire intervienne ; mais dès-lors qu'il y a exception, le propriétaire doit être mis en cause à peine de nullité de l'action. Cette doctrine résulte évidemment des arrêts précités, mais comme

il arrivera le plus souvent que l'exception ne sera
point élevée, il est probable que le juge de paix
ne déclarera pas d'office l'action mal fondée.

3° Obligations diverses des fermiers et des locataires, et
mode de jouissance d'après l'usage.

38. *Terre labourable.* Le fermier
sortant ne peut cultiver et ensemencer
plus des deux tiers de la terre labourable,
prés, jardins et chenevière non compris.
Il ne peut ensemencer en avoine plus
du sixième de la terre dont il dispose en
labours.

S'il s'agit de pièces détachées, dites
pièces volantes, il peut les cultiver en
entier, sauf la preuve qu'il les a reçues
libres ou dans tel ou tel état. (1728.)

N. = Le fermier sortant est réputé avoir trouvé
à son entrée en jouissance un tiers de la terre libre ; le fermier n'est censé labourer cette année de
sortie que les deux tiers de la terre : le tiers restant
est destiné au pâturage des bestiaux. Le fermier
sortant est réputé avoir reçu ce tiers libre à son
entrée en jouissance ; il doit rendre les lieux dans
l'état où il les a reçus. L'usage de prendre à la
sortie les deux tiers de la terre labourable est mauvais ; le fermier sortant n'a pas la plupart du temps
des engrais suffisants. Il serait à désirer qu'il ne
put disposer que de la moitié de la terre labourable, comme cela se pratique pour les autres
années. Espérons que cet usage sera établi par les
baux et qu'il deviendra par la suite règle générale.

Quant aux pièces volantes, il y a présomption que le fermier les a reçues en retour de grains et de labour. Il serait aussi à désirer, quand les pièces de terre volantes sont d'une contenance un peu considérable, qu'elles fussent soumises à la règle du tiers. Cet usage commence même à s'établir dans le canton de Saint-Brice et de Louvigné, mais il n'est pas généralement admis et ne peut être posé comme règle. Il est même préférable que ce nouvel usage, si par la suite il est admis comme règle générale, soit modifié en ce sens qu'on ne puisse labourer que la moitié au lieu des deux tiers.

39. *Prés.* Le fermier sortant est tenu de laisser les prés en épargne au jour de Noël, qui précède la sortie.

Il peut, jusqu'à la fin de son bail, couper l'herbe des *noes* et bourbes qui se trouvent sur la ferme et *hors les prairies*, mais il ne peut les faire paître.

Il peut, jusqu'au jour de sa sortie, faire paître les prés dont la destination est d'être affectée à herbage. (1728, 1777.)

N. = Cet article est encore applicable aux deux entrées de la Saint-Georges et de la Saint-Michel; l'intérêt est le même dans les deux cas, puisque les foins de l'année appartiennent au fermier entrant. (Voir art. 12 ci-dessus.)

L'usage de laisser en épargne les prés au jour de Noël est généralement admis. A dater de cette époque le pied des bestiaux nuit aux prairies sur lesquelles on a l'habitude de mettre les eaux. Le fermier doit jouir en bon père de famille : s'il lui était permis de faire paître les prés jusqu'au jour de sa sortie, la récolte des foins de l'année suivante serait compromise, et cette récolte appartient au fermier entrant.

Une exception devait être établie en faveur des prés destinés à l'herbage au jour de l'entrée en jouissance, ils sont rarement mis à foin, et servent toute l'année aux pâturages des bestiaux.

Quant aux bourbes et noes, et l'on nomme ainsi les lieux marécageux, d'une végétation abondante, dont on coupe l'herbe plusieurs fois l'an, le foin n'y est pas de bonne qualité, tandis que l'herbe coupée à peu près en tout temps présente une ressource inépuisable et facile pour la nourriture des bestiaux.

40. *Irrigation des prés.* **Le fermier entrant a droit, depuis le jour de Noël, qui précède son entrée, de faire sur les prés tous les ouvrages et actes nécessaires à leur irrigation. (Art. 1777.)**

N. = A partir du jour de Noël, le fermier sortant n'a plus, d'après l'usage, la jouissance des prés; il doit toujours, il est vrai, veiller à leur bien-être, mais le plus souvent l'intérêt personnel est la mesure des actions; il est présumable qu'il n'apportera pas tous ses soins à une récolte dont il ne peut profiter; le fermier entrant, qui est le véritable intéressé, doit avoir le droit de veiller à ses propres intérêts, conformément à l'art. 1777.

41. *Emondes.* **Le fermier ne peut tail-**

ler et émonder les arbres de haute tige qu'en jets de six ans ; il doit tailler et émonder au fur et à mesure que les jets ont atteint cet âge Il doit tailler les émondes en saison convenable, avant que la sève n'ait monté, et ne doit jamais émonder dans la tête des arbres à *couronnes*, ni dans les grosses branches.

Il ne peut couper les arbres par tête ni grosse branche qu'avec l'agrément du propriétaire ; il doit élaguer conformément à la nature et à la force de l'arbre.

Les cerclières doivent être coupées au fur et à mesure que ses jets ont atteint une grosseur convenable. Si le bail est de six ans, elles doivent être coupées en sèves de six ans et par un sixième chaque année.

Le bois taillis affermé séparément ne peut être coupé qu'en jets de neuf ans et par un neuvième ; s'il fait partie d'une ferme, il doit être divisé en six coupes et coupé par un sixième chaque année.

N.=L'expérience prouve que les émondes doivent avoir au moins la sève de six ans pour être coupées utilement ; il serait à désirer que les coupes fussent divisées de manière que le fermier pût couper chaque année un sixième des émondes ; quelques experts demandent qu'on pose cette obligation comme usage certain ; il était impossible de le faire : on a dû se borner à enregistrer les usages constants et reconnus, sans avoir la prétention de s'ériger en législateur; on a pensé que, dans l'état actuel, il y aurait préjudice causé au fermier actuellement en jouissance qui coupe les émondes en général, pourvu qu'elles soient en sèves de six ans; mais il ne doit pas attendre un plus long délai, car il y aurait préjudice pour les arbres, et il s'exposerait à être passible de dommages-intérêts. Le propriétaire pourrait même retenir à son profit les émondes devenues grosses branches, si elles avaient un âge qui excédât la durée ordinaire des baux de neuf ans. (Arrêt de la cour royale de Rennes, 23 février 1835.)

Si le fermier néglige de couper les émondes en jets de six ans, et qu'il attende à les couper l'année de sa sortie, il doit indemnité; cette indemnité est d'ordinaire des sèves qu'il n'a pas coupées en temps convenable; c'est ainsi qu'on le condamne à laisser 1/3, 1/4, 1/6 des fagots recueillis. A défaut de stipulation expresse, le fermier sortant doit laisser au fermier entrant les sèves qui ont moins de six ans; il est réputé les avoir reçues à son entrée; il serait préférable que les coupes fussent divisées par un sixième, ce qui se pratique pour les bois taillis faisant partie d'une ferme, pourvu, bien entendu, qu'ils soient de certaine importance; car s'ils n'ont pas au moins quarante-huit ares, on a l'habitude de les couper en entier quand la sève a atteint six ans.

Quant aux bois taillis affermés seuls, ils ne peuvent être coupés qu'en sève de neuf ans et par un neuvième.

Le fermier n'est censé recueillir les fruits que par un neuvième, et comme le bail est censé fait pour neuf ans, il se trouve recueillir tous les fruits de l'objet affermé.

Les cerclières, quoique faisant partie d'une ferme, doivent aussi être aménagées. Le 'fermier a besoin chaque année d'une certaine quantité de cercles; si le bail est de six ans, les sèves doivent être coupées par un sixième.

D'après l'usage de Rennes, la coupe des émondes se fait à six ou neuf ans, suivant la durée du bail de six ou de neuf, le fermier a droit à une indemnité pour les sèves des arbres émondables qu'il n'a pas émondés une fois dans le courant de son bail. Ce mode est préférable : il est basé sur le principe que le preneur doit recueillir tous les fruits de l'objet affermé; mais tout dépend des conventions, et le fermier ne doit rendre les lieux que dans l'état où il les a pris. A Rennes, le fermier sortant a payé à son entrée en jouissance les sèves non coupées par son prédécesseur, il est juste qu'il reçoive la même indemnité; dans les cantons de l'arrondissement de Fougères, il est réputé avoir reçu les sèves qui ont moins de six ans, il doit les rendre à sa sortie; il y a égale justice de part et d'autre; mais l'usage de Rennes est bien préférable, et tend à prévenir bien des contestations, le fermier sortant n'a plus intérêt à avancer ou à retarder ses coupes.

Mais, en tout cas, le mode de couper les émondes par un sixième est bien préférable : il serait bon que les propriétaires prissent des mesures pour que cet usage devint par la suite règle générale. Cet usage serait sans doute difficile à établir pour les closeries et les petites fermes; il faudrait obliger à couper par moitié tous les trois ans, toutes les fois que la ferme serait de minime importance. Chaque période aurait ainsi sa coupe de bois émondables; mais il serait à désirer que le fermier ne pût couper aucune émonde la der-

ınière année, afin d'éviter toutes dégradations de
sa part, ou du moins qu'il ne pût en couper qu'un
sixième.

42. *Dépatement.* Le fermier ne peut
dépater ni rigoler qu'à deux mètres du
pied de l'arbre planté sur la haie dont il
jouit.

N. = *Dépater*, terme du pays, il signifie l'action de faire le long des haies, dans l'intérieur des
pièces de terre, une rigole profonde, qui a pour
but de couper les racines des arbres qui peuvent
nuire à la culture.

L'usage de dépater, tout préjudiciable qu'il soit,
peut être observé à la distance fixée par notre article. Mais une moindre distance doit être défen-
due comme abus de jouissance; tel est l'avis des
hommes les plus éclairés. Les cantons de Saint-
Aubin et d'Antrain ne sont pas dans l'usage de dépater; aussi y remarque-t-on de beaux arbres. Les
cantons de Louvigné, Saint-Brice, et les cantons
de Fougères dans quelques communes, usent trop
largement de la permission. A Saint-Brice et à
Saint-Georges on dépate quelquefois jusqu'au pied
de la haie; c'est un abus de jouissance qu'il est
bon de réprimer en prenant en considération les
intérêts de l'agriculture.

C'est à partir du pied de l'arbre que la distance
de deux mètres doit être observée, car peu importe que le fermier rigole à une moindre distance
toutes les fois qu'il n'y a pas d'arbres.

Mais rien n'empêche le fermier de dépater proche
la haie et le fossé du voisin (art. 672). Il représente le propriétaire et a droit d'user de la chose
comme le propriétaire lui-même.

Si cependant le propriétaire voisin pouvait user du même droit parce qu'il possède des pièces de terre longeant les haies appartenant au maître du fermier, ce dernier, qui est obligé de jouir en bon père de famille, ne doit dépater sans l'agrément de son propriétaire, qu'à la distance voulue par notre article, c'est-à-dire à deux mètres de l'arbre planté sur le fonds voisin.

43. *Action de peler les haies.* Le fermier ne doit pas peler au fauchet les haies dont il jouit, et les portions de terre qu'il ne cultive pas.

N. = L'action de peler au fauchet les haies et les portions de terre qui ne sont pas cultivées, est un abus qui n'a jamais pu être admis comme usage ayant force de loi.

C'est une détérioration du fonds qui a les plus graves inconvénients, soit pour le fonds, soit pour les jeunes renaissances qui poussent sur les haies, l'arbre ne trouve plus une alimentation suffisante; il résulte de l'enquête à laquelle l'auteur s'est livré, que l'action de peler au fauchet, quoiqu'elle soit tolérée dans certains cantons, est préjudiciable aux intérêts de l'agriculture; c'est pour ce motif qu'il a pensé qu'on ne pouvait poser comme règle un abus condamné par l'expérience des hommes les plus éclairés.

Il existe d'autres usages qui sont tolérés dans certains cantons, tout préjudiciables qu'ils puissent être; l'auteur n'a pas cru devoir s'en occuper : c'est au juge et aux experts qu'il appartient de juger de pareils usages et de les proscrire au besoin. Il leur appartient aussi de faire admettre comme usage telle ou telle prescription utile dans l'intérêt de l'agriculture. C'est ainsi que l'auteur regrette de n'avoir pu poser comme règle l'obligation qui devrait être imposée au fermier sortant de sarcler les mauvaises herbes qui se trouvent dans les labours, afin que la terre ne soit pas empoisonnée pour l'année suivante; le fermier qui ne sarcle pas jouit en mauvais père de famille. L'auteur n'a pu poser cette obligation comme usage, parce qu'il est certain, en fait, qu'on n'est pas dans l'usage de sarcler; mais il est probable qu'en cas de contestation, le juge condamnerait le fermier qui aurait causé un préjudice par sa négligence de n'avoir pas sarclé en temps utile.

44. *Ajoncs, Bruyères, Genêts.* Le fermier sortant ne peut, dans l'année qui précède sa sortie, couper ni vendre les ajoncs de semis, les bruyères et les genêts qui ont moins de trois ans, et les renaissances d'ajoncs qui ont moins de deux ans, il est présumé avoir reçu le tout sans indemnité.

N. = Les ajoncs sont d'une grande ressource pour la nourriture des bestiaux; l'usage les classe, ainsi que les bruyères et les genêts, dans la catégorie des pailles et des engrais. Le propriétaire est réputé avoir laissé sur la ferme les ajoncs, genêts et bruyères qui n'étaient pas encore arrivés à maturité; le fermier doit donc les laisser à sa sortie, car s'il les détruisait avant leur maturité, il agirait en mauvais père de famille et détériorerait le fonds.

45. *Pailles, Gluis.* Le fermier, pendant sa jouissance, ne peut vendre ni glui ni paille ; le fermier sortant est réputé avoir reçu les pailles sans indemnité, sauf la preuve contraire.

Il doit, en tout cas, les couper à sa sortie, suivant les distinctions ci-après : Dans les cantons de Fougères il doit couper la paille de seigle à 41 centimètres (15 pouces) du sol, la paille de froment et d'avoine à 33 centimètres (un pied); dans le canton d'Antrain, la paille de seigle à 50 centimètres du sol, et la paille d'avoine et de froment par pied;

Dans le canton de Saint-Aubin, la paille de seigle à 41 centimètres (15 pouces), de froment et d'avoine par pied;

Dans le canton de Saint-Brice et de Louvigné, la paille de seigle à 41 centimètres (15 pouces), d'avoine et de froment 16 centimètres (6 pouces).

Les pièces volantes sont soumises aux règles ci-dessus établies.

N. = L'usage établit la présomption que le fermier a reçu à son entrée toutes les pailles qui se trouvaient sur la ferme; mais cette présomption cède à la preuve contraire : le fermier sortant ne peut être tenu de rendre au-delà de ce qu'il a reçu.

Il arrive souvent que certains baux ne font obligation au fermier de laisser sur la ferme que telle ou telle quantité de paille; dans ce cas, le surplus doit lui être payé, si le propriétaire veut le retenir. La convention est, dans ce cas, la loi des parties; mais une pareille clause n'a d'effet que pour les pailles trouvées à la Saint-Georges; les pailles dites de sortie appartiennent au fermier entrant; le fermier sortant n'emporte que son grain vanné, à moins qu'il n'y ait convention expresse.

L'intérêt de l'agriculture demande que les pailles de sortie soient coupées d'une manière convenable, afin que le fermier entrant en tire le meilleur parti; il serait à désirer que tous les cantons eussent une règle uniforme, mais on a dû se borner à constater l'usage reçu, de peur de froisser quelques intérêts. Si la paille d'écot est coupée trop haut, il y a perte de paille servant à la nourriture des bestiaux; si elle est coupée trop bas, il y a destruction des jeunes genêts ou du trèfle ensemencé; tout dépend du genre de culture de la localité.

46. Le fermier sortant doit laisser en bon état de fumure les pièces de terre sur lesquelles il fait sa sortie. (Art. 1728.)

N. = Le fermier doit jouir en bon père de famille : telle est la règle posée pour notre article, qui ne doit être entendu qu'en ce sens que le fermier sortant doit rendre la pièce de terre en bon état; il n'est pas rigoureusement nécessaire qu'elle soit fumée l'année de la sortie, pourvu qu'elle l'ait été antérieurement; tout dépend du mode de culture adopté. Il arrive le plus souvent, depuis que l'agriculture a fait quelques progrès, que l'on mette tous les engrais sur les cultures sarclées, et qu'on n'en mette pas sur les céréales qui leur succèdent; mais il faut avant tout que le fonds ne soit pas détérioré par le fermier sortant, ce qui arrive le plus souvent. En cas de contestation, c'est aux experts qu'il appartient de décider.

L'usage de ne pas engraisser les avoines de sorties est fréquent; mais c'est un abus de jouissance dans certains cas; les pièces de terre ensemencées en avoine doivent être fumées comme les autres si besoin est.

47. *Engrais*. Le fermier sortant est réputé avoir reçu sans indemnité les engrais trouvés à son entrée; il doit laisser sans indemnité ces engrais à sa sortie. (Art. 1778.) Il ne peut, pendant la jouissance, les distraire ou les vendre.

N. = Le propriétaire est censé avoir laissé sur la ferme tout ce qui était nécessaire à son utilité; mais il n'y a que la présomption qui cède à la preuve contraire. En pareille matière, s'il y a incertitude, l'usage local a force de loi. (Argument d'un arrêt du 18 mai 1824, cour d'Amiens.)

Il arrive quelquefois que le fermier ne doit laisser, d'après les clauses de son bail, que telle ou telle quantité de fumier; le surplus doit lui être payé à dire d'experts. Le propriétaire a droit de retenir tous les engrais. (Art. 1778.)

48. La charretée de fumier est d'un mètre cube (27 pieds métriques cubes). Pour que le fumier soit recevable, il faut qu'il ait au moins quinze jours d'assemblage.

La charretée de paille est de 8 mètres cubes (216 pieds métriques cubes), si la barge mesurée est faite après la récolte; si elle est nouvellement faite, il faut ajouter un quart en sus.

N. = Si, dans le cas prévu par les articles précédents, le fermier sortant ne doit que tel ou tel nombre de charretées de paille ou de fumier, il est utile pour lui et pour le propriétaire de connaître la mesure adoptée par l'usage et de pouvoir, au besoin, mesurer le tas de ces matières. (Voir la 3e partie.)

Les fumiers sont ordinairement disposés en forme de parallélipide rectangle, c'est-à-dire que leur base inférieure est comme leur base supérieure un rectangle ou carré long; qu'il en est de même des quatre faces qui les terminent. Pour mesurer un cube ou volume de cette forme, on en mesure séparément la longueur, la largeur et la hauteur avec l'unité linéaire qui est le mètre; on multiplie indifféremment entre eux les trois nombre obtenus, c'est-à-dire qu'on multiplie le premier par le second, puis le produit ainsi calculé par le troisième, le résultat de la dernière multiplication est la mesure du solide, c'est-à-dire qu'il indique combien ce solide contient de mètres cubes ou de fractions de mètres cubes s'il y en a; et comme la charretée de fumier est précisément d'un mètre cube, on a autant de charretées que le produit donne de mètres cubes.

Les meules de foin ou de paille sont le plus

souvent disposées en forme de pain de sucre : de leur sommet à leur base extérieure elles décrivent une ligne courbe ou parabole plus ou moins étendue ; de là, suivant les circonstances, un mode différent dans la manière d'obtenir la mesure des meules de foin ou de paille. (Voir à la 3ᵉ partie.)

La charretée de paille est un cube de deux mètres de chaque côté, ce qui donne huit mètres cubes pour la charretée ; ainsi donc autant de fois le produit obtenu contiendra huit, autant le tas ou meule renferme de charretées de paille ; il faut donc diviser par huit le produit obtenu, comme il est dit à la 3ᵉ partie.

Le prix de la charretée de paille ou de fumier est nécessairement variable suivant le temps, les circonstances et les localités ; c'est au juge et aux experts à le déterminer.

49. *Foins.* Le fermier doit faire consumer sur la ferme les foins qu'il récolte.

Sont exceptés de cette règle, 1° les foins qu'il a coutume de vendre au sçu du propriétaire pour les besoins des localités voisines ; 2° les foins de réserve pour la sortie. Les foins provenant des prairies artificielles appartiennent au fermier sortant, qui peut en disposer comme bon lui semble.

N. = La disposition de l'art. 1778, qui défend au fermier sortant d'enlever les pailles et engrais de l'année, est une dérogation au droit de propriété, une défense dans l'intérêt de l'agriculture ;

mais cette défense doit-elle être restreinte dans les termes de l'art. 1778, qui ne statue que sur les pailles et les engrais, et non sur les foins?

Un arrêt de la cour royale de Rennes, du 31 juillet 1834, a décidé que l'usage de classer les foins dans la catégorie des pailles devait être suivi s'il était constant et reconnu; c'est donc à l'usage qu'il faut recourir en pareille matière.

En thèse générale, le fermier ne peut, d'après l'usage, vendre les foins qu'il récolte. C'est un produit qui, dans l'intérêt de l'agriculture, doit être consumé sur la ferme.

Deux exceptions sont établies par l'usage :

1° Pour les foins que le fermier a coutume de vendre soit en vertu de son bail, soit d'après une convention tacite résultant d'un usage constamment suivi par lui ou par ses prédécesseurs, eu égard aux besoins des localités voisines.

2° Pour les foins de réserve et de sortie. Ces foins sont, la plupart du temps, une économie faite par le fermier sortant dans un but utile : il en a besoin pour nourrir ses bestiaux pendant son délogement et pour la façon de ses sarrasins en cas de sortie à la Saint-Georges; car s'il eût été tenu de laisser sur la ferme les foins qui pourraient lui rester, il serait exposé à ne pas en trouver sur la nouvelle ferme, le fermier qu'il remplace n'étant pas intéressé à lui en garder; mais la règle posée dans cette exception ne doit être observée que dans le silence du bail. Le fermier sortant ne peut enlever à sa sortie que les foins strictement nécessaires pour faire ses charrois de sortie et ses sarrasins, en cas de sortie à la Saint-Georges; autrement il devrait indemnité comme n'ayant pas garni la ferme de bestiaux suffisants pour la consommation des fourrages, et le propriétaire aurait droit de retenir, moyennant indemnité, les foins qui excèderaient la réserve. Il n'y a pas présomption que le fermier les ait reçus à son entrée en jouissance.

Prairies artificielles. Le fermier peut vendre les foins provenant des prairies artificielles (voir ce qui est dit sur l'art. 13); mais le fermier sortant à la Saint-Georges n'est pas tenu de laisser la pièce de terre en épargne, comme dans le cas de sortie à la Saint-Michel.

50. *Cendres et Charrées.* Les cendres et les charrées trouvées à la sortie sont la propriété du fermier sortant; il peut en disposer comme bon lui semble.

N. = Cet article paraît, au premier abord, contraire à l'art. 1778, qui statue sur les engrais en général; mais l'usage ne considère pas les cendres de foyers et les charrées comme engrais de l'année soumis à la règle de rendue, parce qu'elles ne sont pas un produit direct de la ferme. Le fermier est censé avoir acheté le bois dont il fait les cendres. Ces charrées proviennent le plus souvent des travaux de blanchissage auxquels il se livre.

Quand aux vidanges des lieux d'aisance, elles ne sauraient être rangées dans la même catégorie; elles se forment des produits de la ferme et des matières qu'on y dépose.

51. *Balles d'avoine et poussiers.* La balle des avoines appartient, par portion égale, au fermier sortant et au fermier entrant.

Les poussiers provenant de la récolte ne peuvent être enlevés ni vendus ; le fermier sortant est réputé les avoir reçus à son entrée.

N. = *Balle des avoines*. La balle des avoines est la *plume* des fermiers ; l'usage de la partager est établi dans un sentiment d'humanité et de justice, et pour éviter toute mauvaise intention de nuire de la part du fermier sortant qui, s'il n'était intéressé à leur conservation, ne manquerait pas de les perdre et de les lancer au vent, dans le seul but de nuire à son successeur, avec lequel il est rarement en bonne intelligence.

52. *Arbres, Plantes et Arbustes plantés par les fermiers et locataires.* Le fermier et le locataire ne peuvent enlever à leur sortie les arbres tenant au sol par racines qu'ils ont plantés et mis en place.

Les plantes et arbustes à fleurs qu'ils ont plantés pendant leur jouissance peuvent être enlevés, pourvu qu'ils ne les aient pas plantés en remplacement de plantes et d'arbustes trouvés à leur entrée.

N. = *Arbres mis à place*. Le fermier et le locataire en garnissant les lieux d'arbres suffisants, agissent en bon père de famille. Ils ont amélioré le fonds de leur plein gré, ils sont censés, d'après l'opinion d'Hévin, l'avoir *fait de leur motif et bonne grâce pour l'utilité du seigneur.* (Consultation 53, p. 482.) L'arbre une fois planté est immeuble comme l'immeuble lui-même auquel il est incorporé; l'usage consacré par notre article est conforme à l'art. 513 du deuxième projet du Code rural, qui est ainsi conçu : « Le fermier qui est à la fin de son » bail ne peut point arracher, enlever ou détruire » les arbres qu'il a plantés dans le bien. » Cet article, conforme à notre usage, est basé sur l'intérêt de l'agriculture et sur le consentement tacite des contractants.

Nul ne peut s'enrichir aux dépens d'autrui; mais il est toujours permis de rendre meilleure la condition des autres et la sienne propre. Le fermier, en plantant des arbres suivant les besoins de la ferme, travaille la plupart du temps dans son intérêt et dans celui de ses enfants.

Mais il faut que les arbres soient mis à place, car le preneur qui élève une pépinière et fait le commerce des arbres, doit profiter du produit de son industrie; mais il faut que le commerce des arbres ou pépinière ait été le but du contrat, autrement le fermier, qui est obligé, en règle générale, de créer et d'entretenir les pépinières de poiriers, pommiers, châtaigniers, etc., ne peut enlever les jeunes arbres trouvés à sa sortie, quoiqu'il ne les ait pas mis à place. Si le fermier a trouvé une pépinière à son entrée, il doit l'entretenir en bon état; s'il en crée une sans y être obligé par son bail, il travaille dans l'intérêt du maître; il n'est pas en son pouvoir de détruire une amélioration faite par lui. C'est d'après ces principes que, sous l'ancienne coutume de Bretagne, les arbrisseaux et sauvageaux plantés pour vendre et transplanter, étaient la propriété des jardiniers. (Arrêt du 17 octobre 1575, rapporté par Dufail, liv. 1, chap. 373.) Il résulte des notes de *Sauvageau*, sur le même arrêt, que les autres arbres appartenaient, d'après le droit coutumier basé sur le droit romain, au propriétaire en la terre duquel ils avaient été plantés et avaient leurs racines. (Voir Lhommeau en son traité de la qualité et de la différence des meubles et immeubles.)

Quant aux plantes et autres arbustes à fleurs qui n'ont point été plantés en remplacement de plantes et d'arbustes existant au jour de l'entrée en jouissance, l'usage n'a pu défendre de les enlever, le preneur doit rendre les lieux dans l'état où il les a reçus. S'il ne pouvait les enlever, il éprouverait une perte inappréciable; ce sont, la plupart du temps, des objets précieux pour leur possesseur, qui y rattache des souvenirs personnels.

PARAGRAPHE IV.

Louage des Domestiques.

53. Les domestiques attachés à la culture, et généralement à ce qui tient à l'exploitation des fonds de terre et aux travaux de la campagne, sont censés loués pour une année, laquelle finit soit à la Saint-Georges pour les cantons de Fougères, de Louvigné, de Saint-Aubin et de Saint-Brice, soit à la Saint-Jean pour le canton d'Antrain, quelle que soit l'époque à laquelle le service domestique ait commencé.

N. = L'art. 1780 ne s'explique pas sur la durée

du temps pendant lequel on pourra engager ses services dans le plus grand intérêt des contractacts. La jurisprudence des auteurs et les usages locaux ont dû pourvoir à cette lacune : on ne doit point confondre le louage de service à tant par an avec le louage pour une année; c'est de ce dernier dont il s'agit dans notre article. Les domestiques attachés à la culture sont censés loués pour une année; l'intérêt de l'agriculture le veut ainsi. Celui qui exploite un fonds rural est censé, d'après l'usage, avoir besoin de tel nombre de domestiques nécessaires à son exploitation pendant la durée de son bail, ou du moins pendant les travaux qui se renouvellent chaque année; si le domestique pouvait prendre congé de son maître à l'époque des grands travaux, la récolte se trouverait compromise. Le maître et le domestique sont dans l'usage de s'entendre deux mois à l'avance pour l'année suivante; mais s'il n'est intervenu aucune convention, si le maître n'a point redemandé le domestique, celui-ci est censé sortir; il n'y a pas, d'après l'nsage, tacite reconduction.

Si, dans le courant de l'année, le maître et le domestique avaient de graves motifs de se séparer, ils pourraient le faire sans indemnité. C'est alors aux juges qu'il appartient d'apprécier la gravité des motifs allégués et à fixer le montant de l'indemnité due, s'il n'y a pas de motifs légitimes.

54. Les domestiques attachés à la personne ne sont censés loués qu'à tant par an; ils peuvent sortir comme on peut les renvoyer à quelqu'éqoque que ce soit.

N. $=$ Le motif de cet usage est dans l'intérêt

bien entendu du maître et du domestique qui, étant en contact continuel, doivent se séparer, si la vie, en quelque sorte commune, leur est insupportable, il n'y a plus, comme dans le cas de l'article précédent, intérêt de l'agriculture.

L'usage n'accorde aucun délai : il n'est besoin d'alléguer aucun motif, la volonté seule des intéressés fait la règle.

CHAPITRE II.

DROITS ET OBLIGATIONS DES PROPRIÉTAIRES DONT LES FONDS SONT CONTIGUS.

1° ARBRES DE HAUTE TIGE, DE BASSE TIGE ET HAIES VIVES.

55. Nul ne peut planter des arbres de haute tige dans son fonds joignant le fonds voisin, s'il ne laisse 1 mètre 625 millimètres (5 pieds anciens).

On ne peut contraindre le voisin à arracher les arbres plantés à une moindre distance, s'il s'est écoulé un an et un jour depuis leur plantation, sauf, dans tous les cas, le droit d'élaguer, conformément au Code civil (art. 671).

N. = La plantation des arbres de haute tige intéresse essentiellement l'agriculture : sous l'empire de la coutume de Bretagne nous observions la loi romaine, qui fixait à cinq pieds la plantation des arbres de haute tige. Dans notre arrondissement, une extension à ce droit était admise par interprétation de l'art. 392 de la coutume, si les arbres avaient possession d'an et jour (Duparc-Poulain, t. 8, p. 33), quoique la tolérance de bon voisinage fît que l'on usât rarement du droit accordé par cette extension, et qu'on permît de planter en quelque sorte à fin d'héritage; il n'en est pas moins vrai que la distance de cinq pieds, en cas de réclamations, a toujours été de droit commun. (Voir usage de Rennes.)

Toullier, t. 3, n° 512, prétend que nous n'avions pas en Bretagne d'usage assez constant pour qu'il puisse être invoqué contrairement aux dispositions du Code civil; il refuse d'admettre l'extension permise en vertu de l'art. 392 de la coutume, pour le motif que l'art. 572 serait un obstacle insurmontable pour son application.

Malgré l'autorité d'un tel maître, il est impossible de se rendre à son opinion, qui peut être bonne, en ce qui concerne certaines localités; l'usage adopté dans les cantons de Rennes est contraire à cette opinion, qui est surtout inapplicable dans notre arrondissement, parce qu'elle léserait et les usages reçus et les intérêts d'un millier de propriétaires. Il suffit, en effet, de parcourir nos divers cantons, pour se convaincre du dommage qui résulterait de l'application rigoureuse de l'art. 671. On a toujours, contre l'opinion de M. Toullier, planté les arbres de haute tige conformément à notre article : on pourrait même dire que, vu la tolérance, l'habitude de planter en quelque sorte à fin d'héritage, c'est-à-dire sur le revers extérieur de la haie, est presque général ; mais il y a abus qu'il est urgent de détruire dans l'intérêt général; il importe à l'intérêt de l'agriculture que l'usage confirmé par notre article soit scrupuleusement observé quant à la distance de cinq pieds, le voisin ayant toujours le droit de couper les ra-

-cines et de faire élaguer à plomb balant; mais en droit est-il applicable?

La défense de planter à telle ou telle distance est une restriction apportée au droit de propriété; il y a loi pénale, et toute loi pénale doit être interprétée en faveur de celui qui est soumis à son application. L'art. 671 s'en réfère à l'usage local; il ne dit pas dans quels termes et à quelles conditions cet usage sera admis; il suffit qu'il y ait usage constant et reconnu; peu importe qu'il soit modifié de telle ou telle manière. Or, que dit notre article : 1° plantation à cinq pieds; 2° plantation à fin d'héritage, s'il y a possession d'an et jour. La deuxième disposition n'est qu'une modification de la première, qui fait avec elle une seule et même restriction au droit de propriété; la deuxième disposition renferme un principe conservateur qui porte remède à un grand nombre de mauvaises chicanes. Otez ce principe, et notre arrondissement sera privé, pendant plus de trente ans, de tout arbre propre à construction; ce serait d'ailleurs léser des droits acquis sous la bonne foi de l'usage; il n'est pas à notre connaissance qu'une seule contestation se soit élevée à cet égard. La règle posée par notre article est à peu près conforme à l'art. 63 du projet du Code rural, qui fixe à deux ans le délai pour réclamer. L'art. 55 ne s'applique, quant à la prescription d'un an, qu'aux arbres poignards qui ont été plantés; quant aux arbres qui viennent naturellement, l'usage permet de les faire enlever tant qu'ils n'ont pas 16 centimètres de tour mesurés à un mètre du pied de l'arbre; jusque-là ils ne sont pas réputés plantés à perpétuelle demeure.

S'il y a destination du père de famille, si deux fonds qui ont appartenu au même propriétaire viennent à être divisés, s'il y a convention expresse ou tacite, l'un des copartageants ou des contractants ne peut forcer l'autre à arracher les arbres plantés à une distance moindre que celle voulue par l'usage, la possession d'an et jour n'existât-elle pas (art. 694; Duranton, t. 6, n° 389); mais il semble que l'on doit décider comme le même auteur, et contrairement à l'opinion de Toullier, que la possession de trente ans et la destination du père de famille n'emportent pas avec elles le droit de faire remplacer l'arbre par un autre arbre *tantùm possessum quantùm prescriptum*. Ce n'est pas la place de l'arbre que l'on a prescrit, c'est le droit d'avoir planté tel arbre à telle ou telle époque; la destination du père de famille n'a trait qu'à l'arbre lui-même.

56. *Haie vive.* Toute haie vive doit être plantée à un demi-mètre du fonds voisin.

N. = Sous l'empire de la coutume de Bretagne, il était d'usage de ne planter les haies vives qu'à six pouces du fonds voisin; c'est sur ce motif que sont basées grand nombre de décisions arbitrales pour déterminer le terrain laissé en dehors des haies vives plantés avant le Code; mais depuis le Code, on a généralement abandonné l'ancien usage, qui est actuellement tombé en désuétude; de telle sorte que l'usage de planter à six pouces n'est ni constant ni reconnu, par le seul motif que cet usage est contraire au respect dû à la propriété; l'usage de Rennes est conforme à notre décision; il faut donc reconnaître, avec tous les experts consultés, que le terrain laissé libre par les haies vives plantées avant le Code n'est que de six pouces;

mais que, depuis le Code, il y a présomption que l'on a planté à un demi-mètre, sauf la preuve contraire.

57. *Arbres de basse tige.* Les arbustes et arbres de basse tige peuvent être plantés à un demi-mètre du fonds voisin.

Néanmoins les espaliers, cordons de vigne et les arbustes de basse tige peuvent être plantés près des murs et carrelis mutuels ou privatifs.

N. ⸗ Sont réputés arbres de haute tige les ormes, noyers, chênes, châtaigniers et autres de semblables dimensions, soit productifs, soit d'agrément; les pommiers et poiriers en plein vent, les figuiers et oliviers et les bois taillis. (Art. 58 du deuxième projet du Code rural.)

Sont réputés arbres de basse tige les arbres à fruit de toutes espèces, plantés en quenouilles et en espaliers, les arbustes et les vignes, et généralement tous arbres qui ne progètent pas leur ombre d'une manière nuisible vers le voisin.

Notre article est conforme à l'usage de Rennes; nous donnons cependant une extension à cet usage, en ce qui concerne la distance à observer près du mur mutuel ou privatif, soit au voisin, soit à celui qui plante. On accorde généralement le droit d'appuyer les espaliers et les vignes près le mur du voisin, pourvu qu'il ne fasse à ce mur aucune dégradation. Le motif de cet usage vient de ce que le mur du voisin apporte de l'ombrage souvent nuisible : il y a compensation dans la faculté de planter contre le mur, sans toutefois y avoir droit d'attache. Cet usage est conforme à l'art. 59 du deuxième projet du Code rural, ainsi conçu : « Les » arbres à fruit de toute espèce peuvent être plantés » en espaliers à une distance d'un demi mètre de » la limite; ils peuvent être plantés et palissés » contre le mur de séparation, quoique mitoyen, » à la charge néanmoins de ne pas le dégrader et » de tenir les arbres rabattus à sa hauteur. »

58. *Haies en terre et fossé.* Toute haie en terre est présumée avoir son fossé du côté du voisin.

La largeur ordinaire du fossé se détermine en suivant les sinuosités de la haie prise à sa base, eu égard à l'éboulement ordinaire des terres. Cette largeur est sauf la preuve de toute possession contraire,

Dans les cantons de Fougères et d'Antrain, d'un demi-mètre;

Dans le canton de Saint-Brice, de 41 centimètres (15 pouces métriques);

Dans le canton de Louvigné, de 33 centimètres (un pied métrique);

Dans le canton de Saint-Aubin, de 33 centimètres pour les terrains portés à la première classe cadastrale, de 66 centimètres pour les terrains inférieurs, et de 84 centimètres (2 pieds 1|2) pour les terrains de la dernière classe ou terrains de landes.

Les fossés des haies donnant sur jardins n'ont, dans tous les cantons, que 33 centimètres de large ; le fossé établi, comme dit est, n'emporte aucun terrain vers le fonds voisin.

La haie, pour ceux qui sont obligés d'en faire et d'en entretenir, doit avoir au moins 1 mètre 33 centimètres de hauteur en ligne perpendiculaire, à partir du sol le plus élevé ; son épaisseur doit être par la base de 1 mètre 50 centimètres au moins ; son inclinaison varie suivant la largeur du fossé, dont la profondeur ordinaire est de 33 centimètres.

N. = *Fossés.* Le fossé est la limite ordinaire de la clôture, composée de la haie et du fossé : celui qui creuse un fossé sur la limite de sa propriété, n'est point tenu de laisser de terrain du côté du voisin ; le bord extérieur du fossé est d'ordinaire en glacis, suivant la profondeur du fossé, qui est la limite des propriétés. Il serait à désirer que le mode de construction et d'établissement des haies fût uniforme dans tous les cantons ; ce serait éviter un nombre incalculable d'usurpations et de procès de peu d'importance en eux-mêmes. Il nous a été clairement démontré, par l'inspection des lieux et par l'opinion de tous les experts, qu'il est impossible d'établir une règle certaine et devant emporter de premier abord la conviction du juge ; il fallait cependant prendre comme règle l'usage généralement adopté par les experts appelés comme arbitres ou comme délégués pour faire les actes de partage ; la possession devant faire règle en pareille matière, on a dû se borner à de courtes observations : lorsqu'il s'agit de déterminer le fossé d'une haie, quelques experts ont l'habitude de mesurer trois pieds à partir du sommet de la haie; ce mode est vicieux, parce que la haie n'est pas la limite des propriétés, c'est le fossé lui-même; et d'ailleurs, en pareille matière, la possession vaut titre, *tantùm possessum quantum prescriptum.*

59. *Fruits tombant sur le voisin.* Chacun a le droit d'aller recueillir sur l'héritage clos ou non clos du voisin les fruits tombés de l'arbre planté sur son fonds; un passage doit lui être livré à cet effet.

N. = L'usage consacré par cet article est admis sans réclamation aucune; il est conforme à l'opinion de Toullier, t. 3, n. 517. « Le proprié-
» taire (dit cet auteur), quoiqu'il ait le droit de
» faire couper les branches des arbres qui s'éten-
» dent sur son héritage, ne peut prétendre les fruits
» de ces branches, lorsqu'il a négligé de contrain-
» dre le voisin à les couper; de là suit que le pro-
» priétaire de l'arbre a le droit d'aller cueillir les
» fruits tombés sur le fonds du voisin, et qu'il
» peut contraindre à lui donner le passage néces-
» saire. C'est une servitude légale qu'établissent les
» lois du bon voisinage. »
Nous pensons, avec le même auteur, qu'on ne doit pas négliger de recueillir ces fruits, et que la prescription du droit romain, qui accorde un délai de 3 jours après avertissement, devrait être observée; passé ce temps, on serait réputé en avoir

fait d'abandon; mais il n'est pas à notre connaissance qu'il se soit élevé des difficultés à cet égard, tant le droit est certain d'après l'usage.

60. *Feuilles tombant sur le voisin.* Les feuilles des arbres qui tombent sur le voisin sont sa propriété; le possesseur de l'arbre ne peut les recueillir au-delà de la limite tracée par son fossé donnant sur ledit voisin.

N. = L'usage prescrit une règle différente pour les feuilles qui tombent des arbres sur la propriété du voisin; il n'y a pas utilité pour créer une servitude toujours onéreuse; le propriétaire de l'arbre ne peut recueillir que les feuilles qui tombent dans son fossé; les autres feuilles sont accordées au voisin comme compensation du tort qui lui est causé par l'ombrage produit par les arbres. Cet usage n'est pas moins constant que le précédent.

61. Le propriétaire d'un terrain enclos par haie en terre ou haie vive, ne peut mener ses bestiaux paître sur le côté extérieur de sa haie en terre, ou sur l'espace laissé au-delà de la haie vive; mais il peut toujours couper les herbes en passant sur son propre fonds.

N. = Le motif de cette restriction, ou droit de propriété, est fondé sur les lois du bon voisinage : l'usage établi par cet article est de jurisprudence incontestable dans l'arrondissement. Si le proprié-

taire ou son fermier négligent de couper les herbes
qui ont poussé à l'extérieur de la haie; ils ne peuvent se plaindre de ce qu'elles soient pâturées par
les bestiaux du voisin, il s'agit ici d'une servitude
ou tolérance réciproque imposées par la nécessité.
Il n'y a pas servitude de passage pour aller couper
les herbes, comme dans l'art. 59, par le motif qu'il
n'y a pas nécessité absolue, comme dans le cas
posé par cet article. Le propriétaire peut toujours
franchir la haie en terre; quant à la haie vive, il
peut aussi la franchir plus difficilement, il est vrai,
mais il n'y a pas obstacle insurmontable pour gré-
ver le fonds voisin d'une servitude de passage.

62. *Servitude de passage sur les
prairies.* Si plusieurs prés se desservent
les uns par-dessus les autres, les propriétaires assujétis doivent laisser au 1er
juillet un passage libre et suffisant pour
la récolte des foins seulement.

N. = Il arrive fréquemment, surtout dans le canton d'Antrain, que plusieurs prairies se desservent
les unes par-dessus les autres; il est un temps
pendant lequel on ne peut exercer la servitude de
passage sans nuire à la récolte des foins, depuis
le premier mai, par exemple, jusqu'au premier
juillet, les foins étant coupés le plus souvent à
cette dernière époque; il peut arriver que le propriétaire supérieur, par pur esprit de malice, coupe
ses foins avant leur maturité, et, sous prétexte de
les loger, mette au pillage les prés inférieurs; l'u-
sage a dû porter remède au mal et modifier le
droit de passage, en indiquant une époque pré-
cise à laquelle le passage serait laissé libre; le pro-

priétaire assujéti ne peut alors se plaindre, car il est averti par l'usage.

63. *Prise d'eau pour irrigation des prés.* Si le pré supérieur est débiteur d'une servitude de prise d'eau pour l'irrigation du pré inférieur, il ne doit point passage pour exercer la prise d'eau depuis le 15 mai jusqu'au jour où le foin aura été coupé, et, au plus tard, jusqu'au 10 juillet.

N. = Si deux voisins sont en mauvaise intelligence, ils ne manqueront pas de se faire le plus de mal possible; sous le prétexte d'user d'un droit on en abusera, ce qui arriverait dans l'espèce, si l'usage, fondé sur l'équité, n'avait modifié en pareil cas l'exercice de la servitude, en posant comme règle une restriction toujours sous-entendue en pareil cas.

64. *Chemins privés d'exploitation et de servitudes.* Celui qui doit une servitude de passage à toutes fins, doit laisser libre et franc de talus un espace de 2 mètres 60 centimètres (8 pieds anciens).

Les chemins de servitude doivent avoir cette largeur, sauf tous droits dûment acquis.

Il est défendu de planter, sur les haies qui les bordent, des arbres de haute tige au-delà de la crête de la haie du côté du chemin.

Leur entretien est dû proportionnellement par les ayant-droit au passage.

N. = 1° *Chemins privés d'exploitation*. On comprend sous cette dénomination les chemins ou voies de communications établies pour servir à l'exploitation d'une ou de plusieurs pièces de terre ou à la jouissance d'héritages déterminés et connus, de telle sorte que les propriétaires de ces héritages ou ayant-cause aient seuls le droit d'y exercer légitimement la servitude de passage, à la différence du chemin public, qui est ouvert également à tout venant, quel qu'il soit, et sans qu'il puisse être contraint de déduire la cause ou la nécessité qui l'y conduit.

Ces chemins sont essentiellement dans le domaine de la propriété privée, et n'appartiennent qu'à certains propriétaires, comme dépendances de leurs héritages. Ils sont entretenus par les ayant-droit, conformément aux art. 697, 698 et suivants du Code civil; ils sont prescriptibles comme toute propriété privée.

Si le titre qui établit la servitude ne s'est pas expliqué sur la largeur de l'espace qui doit être laissé libre, l'usage a dû pourvoir à cet oubli, toutes les fois qu'il n'y a pas droit acquis ou contraire. L'espace de huit pieds, pour la servitude à toutes fins, c'est-à-dire la servitude avec charrette, qui est la plus étendue, est déterminé comme suffisant par la jurisprudence locale, qui est fondée sur les anciens arrêts de réglement du parlement de Bretagne.

C'est aussi d'après les mêmes réglements qu'on

ne doit pas planter des arbres de haute tige au-delà de la crête de la haie, de peur que l'exercice de la servitude ne soit entravé.

Il ne faut pas confondre les chemins dont il s'agit avec les autres chemins qui sillonnent les communes.

En dehors des grandes routes qui font partie du domaine public de l'état, il existe d'autres chemins qui ne font point partie du domaine de la propriété privée, chemins improprement nommés *communaux*.

On peut les classer en trois catégories distinctes :
1º Les chemins publics déclarés vicinaux;
2º Les chemins publics non déclarés vicinaux ;
3º Les chemins communaux proprement dits.

2º *Chemins publics déclarés vicinaux*. Ils sont destinés à faciliter les communications rurales les plus importantes; ils se divisent en deux classes : en chemins vicinaux ordinaires et chemins vicinaux de grande communication. Ils font partie du domaine public municipal; c'est en cela qu'ils diffèrent des grandes routes qui font partie du domaine public de l'état; le sol sur lequel il sont établis dépend du domaine public municipal, tandis que le sol des grandes routes dépend du domaine public de l'état.

C'est le classement qui en est fait par l'autorité administrative, qui constitue leur qualité de vicinaux; mais s'ils viennent à être déclassés, ils n'en restent pas moins dans le domaine public municipal.

Ils sont déclarés imprescriptibles. Les communes sont spécialement chargées de leur entretien et de leur conservation. (Voir la loi du 21 mai 1836 et la circulaire ministérielle du 24 juin 1836.)

3° *Chemins publics non déclarés vicinaux.* Sont compris dans cette catégorie tous les chemins et voies de communication publique pour la circulation de commune à commune, de route à route, de village à village, sans que personne puisse les réclamer à titre de propriétaire, et dont la destination est, de temps immémorial et même depuis plus trente ans, de servir aux allées et venues des habitants.

Leur principal caractère est de servir à tout venant, en toute saison, à toute heure, sans qu'on puisse s'opposer à l'exercice du droit de passage, qui est inhérent à la personne plutôt qu'au sol.

Ils sont l'élément dont on fait ordinairement les chemins vicinaux; il ne leur manque le plus souvent que la déclaration de vicinalité.

Ils sont imprescriptibles comme les chemins vicinaux, parce qu'ils font partie comme eux du domaine public municipal.

Sous l'empire de notre ancien droit féodal breton, les chemins de traverse conduisant de village à village étaient censés avoir existé avant la clôture des afféagements; les terres sillonnées par les chemins étaient d'abord vagues et décloses; les seigneurs et les afféagistes avaient intérêt à faire cesser cet état de choses; mais il fallait avant tout maintenir les anciennes voies de communication; il ne s'agissait donc que de les borner et de les diviser. De là la disposition de l'art. 393 de la très-ancienne coutume.

« Celui qui voudra faire clore ses terres où plu-
» sieurs aient accoutumé d'aller, justice doit faire
» voir, borner et diviser par le conseil des sages
» au mieux que faire se pourra pour l'utilité pu-
» blique, et laisser au surplus clore lesdites terres. »
(Voir Duparc-Poulain, journal, t. 3, p. 149.)

Les chemins d'utilité publique dont il s'agit *n'appartenaient privativement à personne*; ils n'étaient pas censés avoir été pris sur les propriétaires riverains; chacun y avait un droit égal pour l'exploitation de son fonds. (Duparc-Poulain, arrêt du 20 août 1739.)

Mais il fallait pourvoir à leur entretien et à leur réparation; de là la disposition de l'art. 49 de la coutume :

» S'il n'y a deniers d'amende, pourront les juges
» des seigneurs contraindre les possesseurs *des terres*
» *voisines* de contribuer à la réparation des che-
» mins. »

Divers arrêts du parlement, statuant en forme de réglement, ont fixé le sens et l'interprétation des art. 49 et 393 de la coutume, eu égard aux besoins de l'agriculture. Quatre de ces arrêts sont particuliers à l'arrondissement de Fougères; ils sont en date des 3 août 1735, 10 octobre 1777, 9 avril et 14 juillet 1778.

Les arrêts des 23 août 1739, 13 septembre 1752 et 8 février 1775, rendus en forme de réglements applicables à toute la Bretagne, ont fixé la largeur des chemins publics d'exploitation ou de village à village à *huit pieds* francs de fossés et de talus; ils ont défendu de planter des arbres de haute tige au-delà de la crète de la haie faisant face au chemin.

Les mêmes arrêts enjoignent aux propriétaires des terres voisines « de faire l'élargissement con-
» formément à la largeur fixée, et où le chemin
» avait anciennement plus de largeur, ordonnent
» que cette largeur sera conservée et rétablie par
» ceux qui l'ont usurpée; ordonnent de plus aux
» propriétaires des terres voisines de curer les
» fossés des haies et talus, d'en jeter la terre grasse

» sur leurs champs et les pierres ou caillotages sur
» le milieu du chemin, et d'entretenir les fossés
» en bon état. » (Arrêt du 8 février 1775, journal, t. 4, p. 450.)

Il résulte évidemment de ces arrêts que les chemins dont il s'agit n'appartenaient à personne, et
qu'ils doivent être rangés dans le domaine public
des communes, et qu'à ce titre ils sont imprescriptibles de leur nature; on doit donc leur appli-
quer à cet égard les principes de notre jurisprudence coutumière.

Quant à leur entretien, les mêmes principes ne
sont peut-être pas applicables en droit.

Si l'on s'en rapporte à notre usage actuel, ce
sont les propriétaires intéressés qui se chargent vo-
lontairement de la réparation et de l'entretien des
chemins dont il s'agit; les communes ne s'en occupent en aucune manière; il y a plus, la circulaire ministérielle du 24 juin 1836, sur les chemins vicinaux, laisse aux propriétaires intéressés
les soins de réparation et d'entretien, et défend
formellement d'y employer les deniers communaux
et les prestations en nature, sous peine de se voir
accusé de détournement de deniers, et ce, par le
motif que les chemins vicinaux *seuls* doivent être
entretenus par les communes.

Il est douteux que l'on puisse interpréter en ce
sens l'art. 1er de la loi du 21 mai 1836, qui n'em-
ploie pas le mot *seuls*. On a sans doute voulu
dire que les deniers, spécialement affectés à la réparation des chemins vicinaux, devaient recevoir
leur destination, et qu'il en devait être ainsi de
la prestation en nature. La loi du 21 mai a dit
que les chemins vicinaux devaient être entretenus
par les communes, et voilà tout, et a laissé les
autres chemins dans le droit ordinaire des art. 2
et 3 de la loi du 6 octobre 1791.

L'autorité municipale a la police des chemins publics, quoiqu'ils ne soient pas déclarés vicinaux; elle doit veiller à leur conservation. Il y a plus, d'après l'art. 41, tit. 2 de la loi du 6 octobre 1791 : « Si le chemin public est impraticable, tout voya- » geur est autorisé à se faire un passage sur les » propriétés voisines; les dommages et les frais de » clôture sont à la charge de la communauté » (ou commune).

Ces chemins ne peuvent être abandonnés à eux-mêmes : il est urgent que l'autorité fasse cesser l'incertitude qui règne en pareille matière, ou que les intéressés s'entendent entre eux pour porter remède au mal existant, ou rejette sur le voisin la charge commune, et les intérêts de tous sont froissés.

Il serait cependant si facile d'obvier au mal; une réparation de minime importance, une rigole refaite, quelques pelletées de terre jetées à propos suffiraient souvent pour rendre un chemin praticable.

Les chemins dont il s'agit sont soumis aux arrêts et réglements sur la petite voirie.

« Ceux qui auront dégradé ou détérioré, de *quel-* » *que manière que ce soit, les chemins publics*, ou » usurpé sur leur largeur, seront condamnés par » le tribunal de simple police à une amende de » 11 à 15 fr. inclusivement. » (Art. 479 du Code pénal.)

» Ceux qui auront embarrassé la voie publique » en y déposant ou y laissant sans nécessité des » matériaux ou des choses quelconques qui empê- » chent ou diminuent la liberté ou la sûreté du » passage, seront condamnés à une amende depuis » 1 fr. jusqu'à 15 fr. inclusivement. » (Art. 471 du Code pénal.)

Il faut donc reconnaître que, suivant les circonstances, l'autorité municipale doit veiller à l'entretien et à la conservation des chemins dont il s'agit, qu'elle peut ordonner les mesures nécessaires à cet effet, ce sont des chemins publics qui rentrent sous l'empire des art. 471 et 479 du Code pénal. « Nous » disons suivant les circonstances (dit M. M. Proudhon, dont nous ne faisons qu'analyser l'excellent traité du domaine public).

» Attendu que le pouvoir municipal ne s'étend » pas à autant d'objets ni à des objets aussi impor- » tants dans les campagnes que dans les villes; mais » son action doit avoir la même efficacité, lorsqu'elle » frappe sur des choses qui sont également de sa » compétence. Ainsi, comme le maire d'une ville » peut ordonner l'enlèvement d'un depôt perma- » nent ou d'un encombrement placé dans une rue, » de même le maire d'un village peut ordonner à » un particulier d'enlever le dépôt que celui-ci a » fait sur un chemin rural et public, et qui en » obstrue le passage ou le rend dangereux. » Si l'autorité municipale chargée de veiller aux intérêts de tous refuse ou néglige de poursuivre en répression des contraventions prévues par la loi, il n'est pas douteux que la partie lésée ne puisse se pourvoir par action civile pour obtenir réparation du préjudice à elle causé; c'est un droit inhérent à la personne lésée et au public en général. (Code civil, art. 1382; Code d'instruction criminelle, art. 1 et 3.)

4° *Chemins communaux proprement dits.* Ces chemins font partie du domaine privé des communes. Ce sont ceux qui ont pour but l'utilité de telle ou telle propriété communale, qui lui servent d'accès ou de sortie sans communication publique d'un lieu à un autre lieu, tel est le chemin qui part du bourg ou du village pour conduire à la fontaine ou au lavoir public; ils appartiennent à la commune au même titre que les chemins privés d'exploitation appartiennent aux particuliers.

Ils ne sont pas établis pour la personne comme les chemins ruraux publics, ils sont établis sur le sol communal et pour son utilité.

Ils sont prescriptibles, parce qu'ils ne font point partie du domaine public municipal. (Art. 2226, 2227 du Code civil.)

Leur entretien et leur réparation est aux frais des communes, suivant les besoins constatés et autorisés administrativement comme dépense communale.

65. *Droit de passage à pied et avec civière.* A défaut de stipulation expresse, le passage à pied, toutes les fois qu'il est dû, est d'un mètre; le passage avec civière à bras ou à roue est de 1 mètre 33 centimètres.

N. = Il arrive souvent que par les actes de partage on accorde un passage soit à pied soit avec civière à bras ou à roue, pour désigner les conditions du passage et son étendue; l'usage a fixé la jurisprudence à cet égard : l'espace indiqué par notre article est jugé suffisant.

Il ne faut pas confondre ces passages privés avec les passages publics; ces derniers sont régis par les mêmes principes que les chemins publics non déclarés vicinaux.

66. *Tour d'échelle.* Le droit de tour

d'échelle, toutes les fois qu'il est dû, est de 1 mètre pour les cantons de Fougères, de Louvigné, de Saint-Aubin et de Saint-Brice, et de 2 mètres pour le canton d'Antrain.

N. = Un acte de notoriété du 23 août 1701, fixe à trois pieds l'espace que l'on doit laisser libre pour l'exercice du tour d'échelle, toutes les fois qu'il est dû; mais il faut s'en rapporter à l'usage des lieux. (Toullier, t. 3, p. 414.) L'espace d'un mètre est unanimement observé, surtout pour les maisons à un seul étage; quant aux maisons à plusieurs étages, quelques experts prétendent qu'on doit accorder deux mètres, mais ce prétendu usage ne se base sur aucune décision. On n'a pas cru pouvoir l'établir comme règle, car il y aurait des conséquences qui compromettraient un trop grand nombre d'intérêts.

Une exception est établie pour le canton d'Antrain. Il résulte de nombreuses décisions de l'ancien siège de Bazouges que le droit de tour d'échelle est de deux mètres. Cette distance est généralement observée et regardée comme un droit incontestable.

Mais il faut observer que la distance ci-dessus n'est prescrite particulièrement que dans le cas où le propriétaire assujéti voudrait s'enclore; dans les autres cas on tombe sous l'empire de l'article suivant.

67. *Constructions anciennes, tour d'échelle.* Quant aux constructions antérieures au Code civil, chacun a le droit de passer ses attraits , poutres , gouttières et autres choses par le fonds voisin s'il ne peut les passer commodément par dessus son propre fonds. Il est tenu dans ce cas de réparer , rétablir et mettre en dû état ce qu'il aura rompu , démoli ou gâté à sondit voisin. (Art. 17 de l'usement de Nantes, arrêts du 8 février 1828, Rennes.)

N. = L'opinion de M. Toullier est contraire à l'arrêt du 8 février 1828. Un arrêt du 25 juillet 1821 dit que l'art. 17 de l'usement est particulier à la ville de Nantes. L'usage de l'arrondissement semblait aussi contraire à cet arrêt , puisque le jugement réformé par l'arrêt précité ne reconnaît pas l'usage consacré par notre article , mais depuis l'arrêt du 8 février, particulier à notre arrondissement, l'usage est constant et reconnu.

Voici quelques considérants de l'arrêt :

« Considérant que l'usement de Nantes oblige le
» voisin à laisser passer sur son héritage les maté-
» riaux et autres objets qui peuvent être utiles au
» possesseur du terrain contigu pour construire ou
» réparer ses bâtiments ; que l'existence d'une ruelle
» et la coutume suivie par les ouvriers de campagne
» qu'on ne voit jamais employer d'échelles volantes
» pour le travail nécessaire aux couvertures, an-
» noncent que l'étable dont il s'agit a toujours été
» couverte au moyen d'une échelle placée sur le
» terrain de François Deleurme (de Saint-Georges-
» de-Reintembault); que les servitudes établies par
» un statut local sont maintenues par l'art. 2 du
» Code civil; qu'il n'a disposé que pour l'avenir ;
» que la femme Le Gros est donc autorisée à jouir

» du droit de tour d'échelle sur la ruelle de l'inti-
» mé, en réparant le dégat qu'elle pourrait com-
» mettre ;

» Qu'en écartant la preuve vocale la plus éten-
» due que l'on puisse exiger pour les servitudes
» acquises par la prescription, l'on abolirait des
» droits bien légitimes,

» La Cour déclare Thérèse Gasse et Julien Le
» Gros autorisés à faire passer des ouvriers et pla-
» cer des échelles sur la ruelle de François Deleurme
» pour la réparation de leur étable, ainsi qu'ils
» ont usé précédemment et sous les obligations de
» droit. » (Il faut remarquer que le passage ne fut
pas contesté en appel et que la preuve d'un passage ancien n'était plus nécessaire.)

68. *Murs de séparation.* Chacun peut contraindre son voisin dans les villes et fauxbourgs de l'arrondissement de Fougères à contribuer aux réparations et constructions des murs faisant séparation de leurs maisons, cours et jardins. La hauteur de la muraille séparative doit-être de 2 mètres 437 millimètres (7 pieds et demi) et son épaisseur de 487 millimètres (1 pied et demi.).

Néanmoins le voisin qui ne veut pas contribuer à la réparation et construction du mur, peut se décharger de cette obligation en abandonnant la propriété de la moitié du terrain sur lequel le mur est ou doit être établi. (Code civil , art. 663 ; usement de Nantes , art. 16.)

N. = L'art. 663 s'en réfère à l'usage local pour la hauteur des murailles qui forment la séparation des héritages dans les villes et fauxbourgs. L'art. 16 de l'usement de Nantes a toujours servi de règle dans notre arrondissement. Cet article fixe l'épaisseur du mur qui est pris également sur chaque propriétaire.

Néanmoins le droit qu'a le voisin de se soustraire aux charges de construction et de réparation en abandonnant la propriété de la moitié du terrain , est consacré par l'usage et par la jurisprudence du tribunal conforme à l'opinion de M. Toullier, t. 3, p. 150, n. 218, et à un arrêt de la cour de cassation du 5 mars 1828 , par le motif que l'art. 656 ne reçoit pas dérogation dans l'espèce posée par l'art. 663.

De la distance voulue pour certaines constructions.

69. *Latrines, puits, etc.* Nul ne peut faire latrines , puits ou fosse de cuisine pour tenir eau de maison , près du mur mitoyen s'il ne laisse franc ledit mur , et s'il ne bâtit muraille de 487 millimètres (1 pied et demi) de chaux et de ciment. (Usement de Nantes art. 20 ; arrêt du 1er août 1820 , Rennes.)

N. = L'arrêt du 1er août 1820 déclare l'art. 20 de l'usement de Nantes applicable à toute la Bretagne. Les architectes et entrepreneurs de bâtiment qui ont été consultés, font l'application journalière de la règle posée par notre article. Ils regardent aussi comme constants les usages consacrés par les articles suivants.

70. Nul ne peut faire tenir puits, retraites, latrines ni égoûts près le puits à eau de son voisin, s'il ne laisse 2 mètres 925 millimètres (9 pieds), pourvu que le puits soit premier édifié. (Usement de Nantes, art. 21.

N. = L'usage consacré par cet article est d'intérêt général et de salubrité publique.

71. *Four.* Entre un four et le mur mitoyen il doit y avoir 325 millimètres (1 pied) d'espace vide. (Usement de Nantes, art. 24 ; Arrêt du 16 août 1820, Rennes.)

N. = L'article précité déclare l'art. 24 de l'usement de Nantes applicable à toute la Bretagne; c'est, dit le même article, pour éviter les dangers et inconvénients du feu. L'art. 190 de la coutume de Paris exige que le mur du four ait 32 millimètres d'épaisseur; on regarde comme certain que, d'après notre usage, cette épaisseur doit être observée.

72. *Forge, Fourneau.* Entre une forge, un fourneau et le mur mitoyen, il doit y avoir 162 millimètres (6 pouces) d'es-

pace libre, et contre le mur de 325 millimètres (1 pied) d'épaisseur. (Coutume de Paris, art. 190.)

N. = D'après l'opinion de M. Toullier, la coutume de Paris était obligatoire pour les usages non prévus par les coutumes locales : l'art. 190 de la coutume de Paris est le fondement de notre article; on semblerait cependant admettre une dérogation, en négligeant le plus souvent de laisser les 6 pouces d'espace libre; mais c'est à tort, vu les inconvénients du feu. Cette dérogation n'est pas tellement générale qu'elle puisse faire règle en dérogation de l'article 190 de la coutume de Paris. (Voir Pothier, appendice au contrat de société, n° 211.)

73. *Cheminée.*

Celui qui veut construire cheminée dans le pignon d'un mur mitoyen, peut disposer d'un tiers de l'épaisseur dudit mur, sous toute responsabilité, pourvu qu'il n'existe pas déjà de cheminée en face de l'autre côté.

N. = La règle posée par cet article est purement d'usage local, basé sur l'art. 19 d'un arrêté du 25 avril 1752. Cet usage est tellement constant, qu'on n'a pu hésiter un seul instant à le poser en principe, quoiqu'il semble, au premier abord, contraire à l'art. 662 du Code civil; mais, en examinant attentivement les termes de cet article, comparé avec l'art. 674, il est facile de justifier notre usage.

L'art. 662 dit que l'un des voisins ne peut pratiquer dans le mur aucun *enfoncement* sans le consentement de l'autre, ou sans avoir, à son refus, fait régler par experts les moyens nécessaires pour que le nouvel ouvrage ne soit pas nuisible. D'un autre côté, l'art. 674 dit qu'on peut *y construire* des cheminées; il y a, il est vrai, enfoncement, dans le cas et dérogation, quant aux mots, à l'art. 662; mais notre article, par ses termes, concilie cette contradiction, qui n'est qu'apparente; mais nul ne peut disposer du tiers que sur sa responsabilité; il est vrai qu'on n'est pas forcé d'avoir recours à une expertise; le tiers dont on dispose est le résultat d'une expertise permanente, qui a pour base l'expérience et l'usage; ce tiers se réduit d'ordinaire à l'enlèvement du premier lit de pierre, sous la responsabilité de celui qui bâtit, car, en pareille matière, il faut avant tout qu'il n'y ait pas dommage causé au mur mitoyen.

S'il y avait cheminée établi de l'autre côté, on ne pourrait adosser une nouvelle cheminée; la solidité du mur se trouverait compromise.

L'épaisseur du mur sous l'empire de l'art. 19 de l'arrêté du 25 avril 1752, était de trois pieds lorsqu'il y avait cheminée des deux côtés, et de deux pieds et demi quand il n'y avait cheminée que d'un côté, et de deux pieds quand il n'y avait cheminée d'aucun côté. Cet article a été abrogé par l'art. 3 d'un nouvel arrêté du 8 décembre 1835, confirmé par l'ordonnance du 2 février 1837, mais l'abrogation ne porte que sur l'épaisseur du mur qui doit être construit d'un commun accord et de la manière la plus convenable, à dire d'experts. On n'a pu abroger le droit établi par l'art. 674 et par un usage constant et reconnu.

L'art. 189 de la coutume de Paris veut qu'il y

ait contre-mur de tuiles ou autre matière suffisante de six pouces d'épaisseur. Le motif de cet usage vient de ce qu'à Paris le terrain est précieux, et que l'on préfère faire des cheminées rentrant dans l'intérieur des appartements. Cet usage est inconnu à Fougères, même depuis l'arrêté de 1835; nous persistons donc à croire que l'ancien usage doit être observé.

74. *Etable*, *Écurie*. Celui qui construit une étable contre le mur mitoyen, doit faire contre-mur de 216 millimètres (8 pouces) d'épaisseur jusqu'à 1 mètre, hauteur présumée des plus hauts fumiers. (Coutume de Paris, art. 188.)

N. = Pothier s'explique ainsi sur cet article :
« La raison est pour empêcher que les fumiers que
» l'on laisse long-temps dans les étables ne pour-
» rissent et ne dégradent le mur commun; la cou-
» tume règle la hauteur que doit avoir ce contre-
» mur jusqu'au rez-de-chaussée de la mangeoire,
» ce que *Desgodets* entend du bord du haut de la
» mangeoire.

» Dans les coutumes qui ne s'en sont pas expli-
» quées (et nous sommes dans ce cas), la hauteur
» doit être réglée *arbitrio judicis*, jusqu'à celle des
» plus hauts fumiers qu'on a coutume de laisser
» dans les étables. »

S'il y a plusieurs murs qui soient mitoyens, il est évident que, sous la coutume de Paris, il devait y avoir contre-mur dans toutes les parties mitoyennes. L'usage de Fougères a fixé à un mètre la hauteur du contre-mur; les fumiers ordinaires des étables ne peuvent s'étendre au-delà, à moins de dépôt extraordinaire, et, dans ce cas, on tombe sous l'empire de l'article suivant.

75. *Matières corrosives.* Celui qui établit un magasin à sel ou tout dépôt de matières corrosives contre un mur mitoyen, doit faire contre-mur de 216 millimètres (8 pouces) dans toute la hauteur occupée par les objets déposés. (Coutume de Paris, art. 188.)

N. = Pothier, page 207, sur l'art. 188 de la coutume de Paris, s'exprime ainsi :
« Cet article doit être étendu aux magasins » où on loge les morues et autres salines, et » aux lieux où on les fait détremper, il y a même » raison. »
L'usage généralement admis est conforme à cette opinion et à l'art. 188.

76. Nonobstant les distances et les travaux ci-dessus prescrites, si les constructions entreprises portent préjudice au voisin, celui qui les a faites est tenu de tous dommages-intérêts.

N. = (Voir MM. Pardessus, Delvincourt, Toullier, Favard et Dalloz.)
Le principe établi dans cet article a pour base la saine interprétation de l'art. 1382 du Code civil.

« Tout fait quelconque de l'homme qui cause à
» autrui un dommage, oblige celui par la faute du-
» quel il est arrivé à le réparer. »

FIN DES USAGES LOCAUX.

VICES RÉDHIBITOIRES.

———

Loi du 20 mai 1838 concernant les vices rédhibitoires dans les ventes et échanges d'animaux domestiques.

NOTES PRÉLIMINAIRES.

La nécessité d'une loi uniforme touchant les vices rédhibitoires dans les ventes et échanges d'animaux domestiques se faisait sentir depuis longtemps. La loi du 20 mai 1838 est venue combler cette lacune de notre jurisprudence ; l'interprétation diverse donnée par les tribunaux aux articles du Code civil qui réglaient la garantie pour vices rédhibitoires , la diversité des usages locaux et sur les caractères de ces vices et sur la durée de la garantie, donnaient lieu à mille contestations qu'il était urgent de faire disparaître dans l'intérêt du commerce et de l'agriculture.

L'auteur de ces notes n'a point la prétention de faire un commentaire de la loi du 20 mai ; il a seulement pensé qu'il pourrait être utile, dans l'intérêt public et comme développement de la tâche qu'il s'est imposée, de donner le texte d'une loi qui est venue abroger les anciens usages locaux, en indiquant par quelques notes les symptômes qui caractérisent tel ou tel vice , afin de reconnaître s'il est ou s'il n'est pas rédhibitoire.

= Le délai pour intenter l'action rédhibitoire étant très-borné (art. 3), et dans tous les cas l'acheteur, à peine d'être non recevable dans son action, étant tenu de provoquer dans ledit délai la nomination d'experts chargés de dresser procès-verbal (art. 5), il est du plus grand intérêt pour lui de pouvoir reconnaître par lui-même si l'animal dont la maladie ne se déclare que dans les derniers jours du délai fixé, est ou n'est pas atteint d'un vice rédhibitoire.

= La connaissance des principaux symptômes qui caractérisent telle ou telle maladie peut donc être utile soit pour obvier à la prescription de l'action, soit pour éviter des frais frustratoires. L'artiste vétérinaire peut être absent ou même se trouver dans l'impossibilité de donner un avis quelconque faute de connaître par quels symptômes le mal s'est déclaré. Cependant le délai expiré, l'animal reste au compte de l'acheteur à moins qu'il n'ait, dans l'incertitude, provoqué une expertise dispendieuse qui peut tomber à sa charge si le vice n'est pas rédhibitoire.

C'est dans le but de parer à semblable inconvénient que l'auteur a eu recours à l'obligeance de M. Anjuère, artiste vétérinaire de l'arrondissement et ancien élève de l'école d'Alfort, qui s'est empressé de lui donner des notes tendant à faire connaître par quels symptômes les vices rédhibitoires se manifestent dans les cas ordinaires.

LOI DU 20 MAI 1838.

ARTICLE PREMIER.

Sont réputés vices rédhibitoires et donneront seuls ouverture à l'action résultant de l'article 1641. C. c. (1) dans les ventes ou échanges des animaux domestiques ci-dessous dénommés , sans distinction des localités où les ventes et échanges auront eu lieu , les maladies ou défauts ci-après, savoir :

1° *Pour le cheval , l'âne et le mulet.*

La fluxion périodique des yeux. (2)

L'épilepsie ou mal caduc. (3)

La morve. (4)

Le farcin. (5)

Les maladies anciennes de poitrine ou vieilles courbatures. (6)

L'immobilité. (7)

La pousse. (8)

Le cornage chronique. (9)

Le tic sans usure des dents. (10)

Les hernies inguinales intermittentes. (11)

La boiterie intermittente pour cause de vieux mal. (12)

2° *Pour l'espèce bovine.*

La phthisie pulmonaire ou pommelière. (13)

L'épilepsie ou mal caduc. (14)

Les suites de la non délivrance (15)

Le renversement du vagin ou de l'uterus (16) } après le part chez le vendeur.

3° *Pour l'espèce ovine.*

La clavelée. Cette maladie reconnue chez un seul animal entraîne la rédhibition de tout le troupeau. (17)

Le sang de rate. Cette maladie n'entraînera
la rédhibition du troupeau qu'autant que
dans les délais de la garantie la perte
constatée s'élèvera au quinzième au moins
des animaux achetés.

Dans ce dernier cas, la rédhibition n'aura
lieu également que si le troupeau porte
la marque du vendeur. (18)

N. = (1) L'art. 1641 du Code civil qui sert de base
à l'art. 1er, est ainsi conçu :

« Le vendeur est tenu de la garantie à raison des
» défauts cachés de la chose vendue qui la rendent
» impropre à l'usage auquel on la destine ou qui
» diminuent tellement cet usage que l'acheteur ne
» l'aurait pas acquise, ou n'en eut donné qu'un
» moindre prix s'il les avait connus. »

Il ne faut pas se méprendre sur la loi du 20 mai.

» Elle n'a trait (a dit M. le rapporteur à la
» chambre des députés) qu'à la détermination des
» cas rédhibitoires, des délais pendant lesquels
» l'action peut-être intentée, et de quelques formes
» économiques et abréviatives de procédure. Elle
» ne déroge à aucuns des autres points de droit
» civil et de procédure relatifs à la vente, pas plus
» qu'aux lois de police sanitaire. Ainsi il n'y est
» question que des ventes volontaires, celles faites
» par autorité de justice demeurent comme par le
» passé affranchies des cas rédhibitoires. (Art. 1649
» C. c.) »

» On sent enfin (ajoute M. le rapporteur) que
» la loi actuelle ne règle que les marchés où la
» convention ne sera pas intervenue expresse ou
» tacite ; que la convention peut évidemment dis-

» penser de la garantie pour cas rédhibitoires, ou
» l'étendre jusqu'à des cas non rédhibitoires de
» plein droit. (Art. 1134.) Nous laissons de côté
» les questions d'interprétation des conventions. »

Les défauts ou vices rédhibitoires non spécifiés dans la loi du 20 mai ne donnent pas lieu à l'action en garantie.

« Il existe (a dit M. le ministre du commerce)
» d'autres défauts qui n'ont pas été compris dans
» la nomenclature du projet, parce qu'ils ne ren-
» trent pas dans les principes posés par les art.
» 1641 et 1642 du Code civil. »

L'art. 1642 est conçu en ces termes :

« Le vendeur n'est pas tenu des vices apparents
» et dont l'acheteur a pu se convaincre lui-même. »

Il résulte de cet article, du discours du ministre du commerce et de la réduction définitive de la loi,

1º Que la mauvaise denture, la rétivité, la méchanceté et l'amourose ne donnent pas lieu à l'action en garantie quant au cheval, à l'âne et au mulet, ou à la première catégorie de l'art. 1er;

2º Que, pour la deuxième catégorie (espèce bovine), l'habitude de se téter n'est pas un vice rédhibitoire;

3º Que pour la troisième catégorie (l'espèce ovine), le piétin, la gale, la pourriture et le tournis ne sont plus vices rédhibitoires, et que l'épilepsie et la ladrerie ne sont pas, pour le porc, des vices rédhibitoires. (Rejet d'un article du projet de la loi.)

4º Enfin que la rage et le charbon ne sont pas des vices rédhibitoires.

Symptômes d'après lesquels on reconnaît les vices rédhibitoires.

PREMIÈRE CATÉGORIE.

(2) *Fluxion périodique des yeux*. La fluxion périodique des yeux se reconnaît lorsque l'animal ferme un œil ou les deux yeux, que les yeux sont rouges et larmoyants, et quand après cinq ou six jours de maladie il se forme dans l'intérieur de l'œil, à sa partie inférieure, un dépôt sous forme de croissant de la couleur de l'ongle ou de feuille morte, ou de colle de sang. Ce dépôt doit disparaître dans l'espace de trois à quatre jours ; c'est le signe caractéristique de cette maladie, parce que les autres symptômes peuvent se rencontrer à la suite d'un coup sur l'œil, de l'introduction d'un corps étranger dans l'œil, ou d'un simple coup de sang, ou dans le cas de gourme des jeunes chevaux.

La cataracte ou cul de verre, cul de bouteille, peut être le résultat d'un accès de fluxion périodique ; les yeux, redevenus beaux, l'animal a toujours les paupières un peu épaisses ; il peut rester dans cet état jusqu'à un an ; mais le plus ordinairement un accès reparaît six semaines, un mois, trois semaines, quinze jours, huit jours après, selon que la maladie approche plus ou moins de sa fin, qui est toujours la cécité, soit que les deux yeux soient atteints, soit qu'il n'y en ait qu'un seul. Le délai de la garantie est de trente jours.

(3) *Épilepsie ou mal caduc*. Cette maladie, qu'il ne faut pas confondre avec le tournis ou lourd du bœuf et du mouton, qui n'est plus réputé vice rédhibitoire, non plus que le pissement de sang,

se rencontre rarement chez le cheval, mais fréquemment chez le bœuf; elle se présente sous deux aspects chez ce dernier. L'animal atteint vacille comme s'il était ivre, les yeux pirouettent dans l'orbite, l'écume sort de la bouche, l'animal tombe, se débat pendant plus de dix minutes, puis se relève et revient à son état naturel.

Il existe une épilepsie du bœuf dans laquelle l'animal présente tous les symptômes ci-dessus sans éprouver de chute. Le délai de la garantie est de 30 jours.

(4) *Morve*. Cette maladie se reconnaît quand l'animal *jette* depuis long-temps par un naseau ou par les deux naseaux, et le plus souvent par un seul. Le jettage est alors verdâtre ou grumeleux; il s'arrête aux poils qui sont au pourtour des ouvertures nasales.

Quand il se présente sous la ganache dans l'auge une glande attachée à l'os du côté du jette, l'animal est alors suspect. Quand enfin, en regardant dans le nez l'on y aperçoit de petites plaies (chancres) ou des boutons, l'animal doit être regardé comme morveux.

(5) *Farcin*. Le farcin se présente chez le cheval sur le trajet des veines, sous la forme de boutons à la suite les uns des autres. Ces boutons sont comme chevillés dans la chair; il s'en écoule souvent une liqueur jaunâtre au lieu de pus; ils laissent après eux une plaie qui ne tend point à se cicatriser.

Le farcin se présente encore sous forme de tumeur par tout le corps et sous forme d'engorgement aux jambes. Ces tumeurs et cet engorgement suivent la même marche que les boutons.

(6) *Pousse*. Cette maladie se reconnaît chez le cheval quand l'animal tousse de temps en temps,

7

quand la toux est sèche et avortée, ce dont on s'assure en serrant avec la main la gorge de l'animal, quand le flanc au lieu de se retirer lentement et d'une manière continue, s'arrête au milieu de sa marche pour achever ensuite son mouvement, et lorsque le mouvement achevé, le ventre tombe comme une masse.

Pour reconnaître plus facilement cette maladie et faire l'expérience indiquée, on met l'animal au sec, on lui donne de l'avoine qui puisse absorber toute son attention, autrement l'animal, regardant de côté et d'autre ou flairant des objets proche desquels il se trouve, ferait exécuter au flanc un mouvement qui ne serait pas naturel.

(7) *Maladies anciennes ou vieilles courbatures.* Ces maladies sont la suite de gourmes négligées ou de fluxions de poitrine ; elles se reconnaissent également par le mouvement du flanc ; elles ne diffèrent de la pousse qu'en ce que la toux n'est pas toujours sèche. Les animaux atteints peuvent même ne pas tousser ; ils sont plus facilement essouflés que dans le cas de pousse ; ils transpirent plus promptement que les chevaux atteints de la pousse et ne les valent pas.

(8) *Immobilité.* Cette maladie est assez rare ; l'animal placé au ratelier tire une bouchée de foin puis reste immobile quoiqu'il ne l'ait avalée qu'à moitié ; si l'on croise ses membres tant antérieurs que postérieurs, si en même temps on place sa tête sur le garot sans lui faire perdre l'équilibre, il restera dans cette position difficile.

Un symptôme distinct de cette maladie est l'impossibilité où se trouve l'animal atteint de faire un pas en arrière et de reculer, il ferait plutôt la pirouette ; il n'est rétif que pour cela ; il peut aller doucement en avant.

(9) *Cornage chronique*. Cette maladie se reconnaît quand, soit en faisant courir l'animal, soit en lui faisant monter une côte ou colline, et appliquant l'oreille près de sa tête, on entend une espèce de sifflement qui disparaît avec l'exercice. L'animal au repos ne paraît pas malade et cependant celui qui est atteint de ce mal finit le plus souvent par mourir asphyxié sur les routes.

(10) *Tic sans usure des dents*. On entend par tic l'habitude que prennent certains chevaux au moment de leurs repas et surtout lorsqu'ils barbottent de se balancer comme l'ours (tic de l'ours), ou de serrer leurs licols avec les dents en faisant entendre un bruit semblable à celui que produit l'éructation, action de roter (tic à la longe); ou d'allonger simplement la tête puis de la ramener sur la poitrine en faisant entendre une espèce de rot (tic en l'air), ou enfin de serrer la mangeoire toujours en rotant; dans ce dernier cas, l'animal à force de serrer la mangeoire avec les dents, les use en dehors. C'est pour cette raison que le tic avec *usure* des dents n'est pas rédhibitoire, parce que le vice est apparent.

Quoique le tic ne soit pas une maladie réelle, l'animal engraisse difficilement, par le motif qu'il s'adonne à son vice favori, et néglige de prendre la nourriture qui lui est nécessaire.

(11) *Hernies inguinales intermittentes* (descentes, efforts, *termes du pays*.) Cette maladie se manifeste par un engorgement mou des testicules, dans le cas où on entend les borborygmes (bruit produit dans le ventre par les contractions intestinales), en approchant l'oreille de ces parties, ce qui ne se rencontre pas dans les engorgements testiculaires produits par une autre cause. Quelques-unes de ces hernies disparaissent au repos et re-

paraissent au travail; d'autres disparaissent pour reparaître à des époques indéterminées.

(12) *Boiterie intermittente pour cause de vieux mal.* L'animal atteint de cette maladie peut boiter huit ou quinze jours de suite. Il cesse de boiter pour boiter de nouveau. Quelquefois un cheval est boiteux au sortir de l'écurie, et cesse de boiter au bout d'une ou deux lieues de marche; c'est le cas de boiterie à froid; d'autres fois un cheval ne boite pas au repos, et commence à boiter après quelque temps d'exercice, c'est le cas de boiterie à chaud.

DEUXIÈME CATÉGORIE.

(13) *Phthisie pulmonaire ou pommelière.* Cette maladie se reconnaît par une toux presque continue, sèche, sonore, comme si elle sortait d'un tonneau; à l'étable, l'animal (bœuf ou vache) est plus haletant que les autres; en examinant les côtes on s'aperçoit, lorsque l'animal respire, qu'elles ressortent plus saillantes que dans les animaux bien portants; si l'on passe la main sur le garot, l'animal est plus sensible; du reste il mange et boit comme de coutume, il peut même engraisser comme s'il n'était pas atteint de cette maladie.

(14) *Epilepsie ou mal caduc.* Voir ce qui est dit première catégorie, n° 3. Le délai de la garantie est de trente jours.

(15) *Suite de la non-délivrance* (après le part chez le vendeur). Cette maladie est connue de tout le monde; elle provient du défaut de soins et de la négligence du vendeur, qui n'a pas bien délivré la vache qui vêle; cette négligence cause souvent à l'animal une maladie sérieuse, et quelquefois même la mort; les symptômes sont faciles à reconnaître sans qu'on puisse s'y méprendre.

Il résulte de la discussion de la loi que les mots

après le *part* chez le vendeur sont applicables à cette maladie, qu'il est presqu'impossible de reconnaître au jour de la vente.

(16) *Renversement du vagin ou de l'utérus* (après le part chez le vendeur). Cette maladie est aussi très-connue dans le pays sous les dénominations de jeter la puce, le rot, les boites, la manche; les symptômes sont faciles à reconnaître; on n'a pas pensé qu'il fût utile de les signaler.

Mais il est bon d'observer qu'il n'y a dans ce cas, comme dans le cas précédent, vice rédhibitoire qu'autant que le part ou délivrance a eu lieu chez le vendeur; car il n'est pas possible que la responsabilité du vendeur se prolonge jusqu'au terme de la gestation, lorsque la vente a eu lieu pendant son cours. La rédhibition est d'ailleurs fondée sur la délivrance elle-même de cette gestation.

TROISIÈME CATÉGORIE.

(17) *Clavelée.* La clavelée (variole ou petite vérole du mouton) se reconnaît quand, après quelques jours de tristesse on aperçoit autour des ouvertures naturelles ou à la face interne des cuisses ou aux ars des taches livides dans l'épaisseur de la peau, taches qui, au bout de quelques jours, se trouvent surmontées de petites vésicules qui suivent la même marche que celle que l'on rencontre dans la variole de l'homme : un mouton peut avoir le germe de cette maladie pendant vingt-cinq jours sans qu'elle se déclare, si la saison est froide. Cette maladie est contagieuse.

(18). *Sang de rate.* On désigne sous ce nom une congestion, soit de cerveau; alors l'animal n'y voit pas, il est comme ivre; soit des intestins, dans ce cas, il a des coliques; soit de la rate et des poumons; dans ce dernier cas, l'animal est haletant, et périt bientôt asphyxié.

A l'ouverture de l'animal, la rate a un volume énorme; cette maladie est due à une nourriture trop échauffante, et se rencontre surtout dans les pays secs; les animaux qui en sont atteints ne durent pas plus de vingt-quatre heures.

2. L'action en réduction de prix, autorisée par l'art. 1644 du Code civil, ne pourra être exercée dans les ventes et échanges d'animaux énoncés dans l'article premier ci-dessus.

N. = L'art. 1644 est ainsi conçu : « Dans le cas » des art. 1641 et 1643, l'acheteur a le choix de » rendre la chose et de se faire restituer le prix » ou de garder la chose et de se faire rendre une » partie du prix telle qu'elle sera arbitrée par ex- » perts. »

Les dispositions de cet article, justes en elles-mêmes quand il s'agit de choses inanimées dont le vendeur a pu connaître plus facilement les défauts, deviennent exhorbitantes et de difficile application, quand il s'agit de choses animées; le vendeur lui-même a pu en ignorer les vices, souvent difficiles à reconnaître; la loi nouvelle a donc dû déroger en leur faveur au droit commun établi par l'art. 1644, en limitant cette dérogation aux ventes et échanges spécifiées dans ledit article; car il n'est pas douteux que, sous la loi nouvelle, l'art. 1645 ne doive, dans les autres cas, recevoir son application; outre l'action en garantie, l'acheteur aura une action en dommages-intérêts, s'il est clairement démontré que le vendeur connaissait les vices de la chose avant le jour de la vente; il doit être puni d'avoir voulu tromper sciemment. (1645.)

3. Le délai pour intenter l'action rédhibitoire sera, non compris le jour *fixé pour la livraison*, de trente jours pour le cas de fluxion périodique des yeux et d'épilepsie ou mal caduc, de neuf jours pour tous les autres cas.

N. = *Livraison.* Ce n'est point à partir du jour de la vente, c'est à partir du jour fixé pour la livraison que court le délai de la garantie; car « la loi » (a dit M. le rapporteur de la chambre des députés) » accorde à l'acheteur le droit d'intenter une ac- » tion en rédhibition à raison de tel ou tel vice. » Il ne peut connaître ce vice avant la livraison; » c'est donc seulement du jour de la livraison que » doit courir le délai pour intenter l'action ré- » dhibitoire. »

S'il n'y avait point de jour fixé pour la livrai- son, il résulte de l'opinion de M. le rapporteur que le délai ne doit courir que du jour même de la livraison. L'article 3 apporte une dérogation au droit ordinaire et aux principes en matière de vente. Si le vendeur veut se décharger de sa ga- rantie, il doit en pareil cas faire sommation à l'acheteur de se livrer tel ou tel jour. Si dans ce dernier cas c'est l'acheteur qui est en faute, le jour indiqué devrait équivaloir aux prescriptions de la loi; il y aurait alors jour fixé pour la livraison ou du moins sommation équivalente.

Délai pour intenter l'action. Il a été jugé par la cour royale de Paris que l'action en résolution de la vente d'un cheval pour vice rédhibitoire, tel que la pousse, est valablement intentée quoique la citation ait été donnée après les neufs jours de la livraison, si pendant ce délai le demandeur a fait des actes de nature à constater le vice, s'il a spécialement présenté dans ce délai la requête voulue par l'art. 5.

4. Si la livraison de l'animal est effectuée, ou s'il a été conduit, dans les délais ci-dessus, hors du lieu du domicile du vendeur, les délais seront augmentés d'un jour par cinq myriamètres de distance du domicile du vendeur au lieu où l'animal se trouve.

N. = L'art. 3 fixe le délai dans lequel la citation doit être donnée; l'art. 4 augmente ce délai, parce qu'il fallait donner à l'acheteur le temps nécessaire pour faire ses diligences contre le vendeur dont le domicile peut être très-éloigné du lieu de la livraison; c'est le premier cas posé par l'art. 4. L'acheteur peut de son côté conduire l'animal soit sur un marché très-éloigné, soit à son propre domicile, soit enfin dans un lieu très-éloigné du domicile du vendeur; on a dû lui donner le temps nécessaire pour former utilement son action en garantie; c'est le deuxième cas de l'art. 4.

5. *Dans tous les cas* l'acheteur, à peine d'être non recevable, sera tenu de provoquer dans les délais de l'art. 3, la nomination d'*experts*. La *requéte* sera présentée

au juge de paix du lieu où se trouve l'animal. Ce juge nommera immédiatement, suivant l'exigence des cas, un ou trois *experts* qui devront opérer dans le plus bref délai.

N. = *Dans tous les cas*, il résulte de la discussion de la loi que ces mots s'appliquent à tous les cas de maladie enoncés dans l'art. 1er, parce que l'expertise est toujours utile ; mais cet article ne peut faire obstacle à l'exécution des règlements de police. Toutes les fois qu'un animal devra être enfoui comme atteint de maladie contagieuse, il faudra nécessairement que les règlements de police s'exécutent. Si on n'a pas eu le temps de faire l'expertise, l'action en garantie sera intentée sur la connaissance seule de ce fait. Telle a été, lors de la discussion de la loi, la décision donnée par le ministre du commerce.

Experts. Le juge de paix peut nommer un seul expert. Si cependant l'objet litigieux avait une certaine valeur, il serait convenable de nommer trois experts. (Discours du rapporteur.)

Requête. Elle doit être sur timbre et signée par la partie ou par son fondé de pouvoir.

La requête doit être présentée dans les délais de l'article 3. Il n'y a pas augmentation à raison des distances, par le motif que c'est au juge du lieu où l'animal se trouve qu'elle doit être présentée.

Toutes les formalités prescrites par le Code de procédure touchant les expertises doivent être observées : ainsi les experts prêtent serment, présentent leur rapport au juge de paix qui taxe leurs honoraires.

Le procès-verbal peut cependant être remis en minute à celui qui a requis l'expertise ; c'est une dérogation au droit ordinaire non consacrée par le texte de la loi, mais qui n'en paraît pas moins certaine d'après la discussion de l'art. 5.

6. La demande sera dispensée du préliminaire de conciliation , et l'affaire instruite et jugée comme matière sommaire.

N. = Cet article n'est applicable qu'au seul cas où l'action serait de la compétence du tribunal civil , car si la demande n'excédait pas 200 fr., le juge de paix serait compétent , et si l'affaire était commerciale , ce serait au tribunal de commerce qu'il appartiendrait de juger , quelle que fût la valeur de l'objet litigieux.

7. Si , pendant la durée des délais fixés par l'art. 3 , l'animal vient à périr , le vendeur ne sera pas tenu de la garantie à moins que l'acheteur ne prouve que la perte de l'animal provient de l'une des maladies spécifiées dans l'art. 1er.

N. = Voir ce qui est dit sur l'art. 5 touchant les maladies contagieuses.

Si la maladie ne provient pas de l'un des vices spécifiés dans l'art. 1er, le vendeur ne peut être tenu de la garantie.

Mais si l'animal a péri par suite de maladie réputée rédhibitoire, il doit faire procéder à l'expertise conformément à l'art. 5.

8. Le vendeur sera dispensé de la garantie résultant de la morve et du farcin pour le cheval, l'âne et le mulet, et de la clavelée pour l'espèce ovine, s'il prouve que l'animal, depuis la livraison, a été mis en contact avec des animaux atteints de ces maladies.

N. = La morve, le farcin et la clavelée sont des maladies contagieuses. Le vendeur devant être admis à faire la preuve que l'animal n'était pas atteint de ces maladies lorsqu'il était en sa possession, la preuve résulte du fait même de contact chez le vendeur avec des animaux atteints de ces maladies.

Dans les autres cas, le vendeur ne peut être admis à faire la preuve que le vice ou maladie a pris naissance chez l'acheteur; il y a présomption qui ne le cède pas à la preuve contraire, parce que cette preuve est réputée impossible, vu les inconvénients qui en résulteraient dans la pratique.

FIN DES VICES RÉDHIBITOIRES.

NOTE PRÉLIMINAIRE.

L'auteur a pensé qu'il serait utile de faire entrer dans le cadre qu'il s'est imposé quelques notions pratiques propres à faciliter l'application de la loi du 4 juillet 1837 sur l'emploi du système métrique des poids et mesures substitués irrévocablement à partir du 1ᵉʳ janvier 1840 aux anciennes dénominations des poids et mesures introduites par l'usage local, et dont l'esprit public est si profondément imbu que les lois qui se sont succédées depuis quarante ans n'ont pu parvenir à en prohiber l'emploi.

M. A. Bertin, sous-préfet de l'arrondissement, dont le zèle est infatigable toutes les fois qu'il s'agit de l'instruction populaire, a bien voulu venir en aide à l'auteur et se charger de cette partie de son travail.

NOTIONS PRATIQUES

*Sur l'emploi du système métrique des poids et me-
sures, dont l'usage est obligatoire à partir du
1ᵉʳ janvier 1840.*

OBSERVATIONS

Communes à tous les tableaux de conversion des mesures
anciennes et nouvelles en mesures nouvelles et anciennes.

1° La première colonne de chaque tableau se
rapporte toujours à la première ligne de la tête
du tableau et à toutes les autres colonnes.

2° Chacune des autres colonnes est le plus souvent divisée en deux : la première se rapporte aux
mesures anciennes, la seconde aux mesures usuelles
en usage de 1812 à 1840.

3° Pour trouver la valeur d'une mesure en une
autre, on lit ainsi (dans le premier tableau) : 5
pieds anciens valent en décimètres 16.24 ; on suit
la ligne du 5 jusqu'à la colonne des pieds anciens,
et on trouve la valeur cherchée.

4° Avec ces tableaux, quoiqu'ils ne soient cal-
culés que jusqu'à 10, on peut trouver la valeur
pour toute espèce de nombres, en faisant des additions, mais en ayant soin de mettre les unités
de même espèce les unes au-dessous des autres.

Exemple : Soit 75 toises ;

7 toises valent en mètres 13.643 ;	70 toises valent 136.43
5 9,745 ;	5 9.745
75	146,175

5° Chaque tableau fait aussi connaître le prix comparatif des anciennes et des nouvelles mesures, la première colonne étant le prix de la mesure nouvelle dans les tableaux de conversion des mesures anciennes en nouvelles, et le prix de la mesure ancienne dans les autres tableaux.

Exemple (premier tableau) : Un mètre de travail vaut 5 fr., une toise ancienne du même travail vaudrait 9 fr. 74 c. Si le prix du mètre est de 5 fr. 75 c., on cherche le prix comparatif de la toise successivement pour :

```
                                          f.      f.
5 on trouve  9.545                      9.745    5.
7            13.643 comme c'est pour 7 déc. on a  1.364   0.70
5             9.745 comme c'est pour 5 c. on a    0 097   0,05
                                                 ─────   ─────
et on a pour prix de la toise. . . . . . . . .   11.206   5.75
```

Il en est de même si, connaissant le prix du décimètre, on veut avoir le prix du pied, et ainsi des autres mesures.

6° Avec ces tables on peut aussi évaluer chacune des mesures anciennes ou nouvelles en telle autre du nouveau ou de l'ancien système que l'on préférera, en avançant le point décimal vers la droite ou vers la gauche d'un nombre de chiffres qui varie suivant le genre et l'espèce d'unités.

Pour convertir ainsi les parties d'une mesure dans l'unité qui leur est supérieure ou inférieure d'un ou plusieurs degrés, il faut pour les mesures dizainales (le mètre linéaire, le stère, le litre, le franc, le gramme) avancer le point décimal d'un chiffre pour chaque ordre d'unité. Pour ces mesures, le rapport de l'unité avec ses multiples et ses divisions est de 1 à 10 (un décamètre est dix fois plus grand qu'un mètre) en avançant le point décimal à droite ou à gauche de 1, 2, 3, 4 chiffres, on a des unités 10, 100, 1000, 10,000 fois plus grandes ou plus petites.

Pour les mesures centésimales (le mètre carré, l'are), il faut avancer le point décimal de deux chiffres pour chaque ordre d'unité. Pour ces mesures, le rapport de l'unité avec ses multiples et ses dividendes, est de 1 à 100 (un décamètre carré contient 100 mètres carrés.). En avançant le point décimal à droite ou à gauche de 2, 4, 6 chiffres, on a des unités 100; 10,000, 1,000,000 de fois plus grandes ou plus petites.

Pour les mesures millésimales (le mètre cube), il faut avancer le point décimal de trois chiffres pour chaque ordre d'unité; pour ces mesures, le rapport de l'unité avec ses multiples et ses divisions est de 1 à 1000 (le mètre cube contient 1000 décimètres cubes); en avançant le point décimal à droite ou à gauche de 3, 6, 9 chiffres on a des unités mille, un million, un billion de fois plus grandes ou plus petites.

Exemple : Premier tableau.

Le pied vaut en mètres	0 325	Le mètre vaut
décim.	3.25	10 décimètres.
cent.	32.5	100 centimètres.
millim.	325.0	1000 millimètres.

Exemple : Deuxième tableau.

Le déci- vaut en toises.	0.0513	Le mètre vaut en	T. 0.513
mètre			
pieds	0.308	Le décim.	pi. 0.308
pouces	3.69	Le centim	po. 0.369
lignes	44 30	Le millim	li. 0.443

7° Toutes les valeurs que l'on obtient par les tables ne sont jamais très-exactes ; elles sont toujours un peu faibles.

8° Quand on ne veut pas conserver un grand nombre de décimales, on augmente d'1 le dernier chiffre que l'on conserve, si ceux que l'on supprime excède 5, 50, 500.

9° On peut avoir besoin d'évaluer les fractions décimales en quelques-unes des fractions ordinaires

les plus simples et réciproquement. Le tableau suivant indique cette évaluation.

Fractions décimales.	Fractions ordinaires.	Fractions décimales.	Fractions ordinaires.
0 9	9|10ᵉ	0 4	2|5
0.8	4|5	0 33	1|3
0.75	3|4	0.25	1|4
0.66	2|3	0.2	1|5
0 6	3|5	0.125	1|8
0.5	1|2	0.1	1|10

Mesures de longueur.

Avec le *pied de roi*, ancienne unité des mesures de longueur, on formait toutes les anciennes mesures de longueur, de surface, de solidité. Le pied se divisait en 12 *pouces*; chaque pouce se divisait en 12 *lignes*; 6 pieds faisaient la *toise*; 2000 toises la *lieue de poste*; 2400 toises la *lieue de Bretagne*. La *petite aune* avait 44 pouces; la *grande aune* en avait 5o; la *perche* avait 22 pieds de long, et la *corde* 24.

Toutes ces mesures de longueur sont remplacées par le mètre, ses multiples et ses divisions. Le MÈTRE, unité nouvelle des mesures de longueur, sert aussi à former toutes les autres mesures métriques : c'est une très-petite partie (la quarante millionième) de la longueur du tour du globe terrestre mesuré du nord au sud. Pour les comptes, le mètre remplace la toise ; on compte par mètres comme on comptait par toises.

De 1812 à 184o on a employé des mesures dites *usuelles*, qui portent les noms anciens ou les noms nouveaux, et qui sont en partie des multiples et des divisions des mesures métriques , mais qui sont divisées d'après l'échelle duodécimale.

Le mètre a été divisé en trois pieds métriques ou usuels.   3 pi.

Le mètre vaut en pieds,

    pouces, lignes de roi. 3.   o po. 11 l. 1|4 de lign.

Le pied métrique, qui se divise comme l'ancien pied, est plus grand que lui de 3 lignes 3|4 de lignes anciennes, à peu près.

Le mètre se divise en dix parties ou *déci*mètres, dixième du mètre; chaque décimètre se divise en dix parties ou *centi*mètres, centième du mètre; chaque centimètre en dix parties ou *milli*mètres, millième du mètre.

Les multiples du mètre sont : 10 mètres ou le *déca*mètre, c'est la chaîne d'arpenteur; 100 mètres ou l'*hecto*mètre; 1000 mètres ou le *kilo*mètre, un quart de lieue; 10,000 mètres ou le *myria*mètre, deux lieues moyennes anciennes.

Le nom de chacune de ces mesures indique le rapport qui existe entre elles et l'unité; la partie de ces noms, mise en caractères italiques, qui exprime ce rapport , servira aussi à désigner ce même rapport dans les autres mesures dérivées du mètre et soumises à l'échelle décimale. Il résulte de la division décimale que chaque mesure est 10, 100, 1000 fois plus grande ou plus petite que les mesures qui lui sont inférieures ou supérieures de 1, 2, 3 ordres d'unité; c'est ce que l'on voit dans le tableau suivant, qui se lit ainsi : Un kilomètre vaut ou contient 1000 mètres, 100 décamètres, etc.

	Mètres.	Décimètres.	Centimètr.	Millimètr.
Millimètre.	0 001	0 01	0.1	1
Centimètre	0.01	0.1	1.	10
Décamètre	0 1	1.	10.	100
Mètre.	1.0	10.	100.	1000

	Mètres.	Décimètres.	Hectomètr.	Kilomètr.	Myriamètr
Décamètre	10	1	0.1	0 01	0 001
Hectomètr.	100	10	1	0.1	0 01
Kilomètre.	1.000	100	10	1	0.1
Myriamètr.	10.000	1.000	100	10	1

Il peut être utile, pour les calculs, de se rappe
ler des valeurs suivantes, qui se lisent ainsi : la
toise vaut en pieds 6, en pouces 72, en lignes 864

	Pieds.	Pouces.	Lignes.
Toise...	6	72	864
Pied....	1	12	144
Pouce...	»	1	12

Conversion des mesures linéaires anciennes et nouvelles en mesures métriques.

PRIX des mesures nouvelles.	LIGNES anciennes usuelles.		POUCES anciens usuels.		PIEDS anciens usuels.		TOISES anciennes usuelles.	
	Millimètres.		Centimètres.		Décimètres.		Mètres.	
1	2.2	2.3	2.7	2.8	3.25	3.33	1.949	2
2	4.5	4.6	5.4	5.5	6 50	6.66	3.898	4
3	6.7	6 9	8.1	8.3	9.75	9.99	5.847	6
4	9.0	9,2	10.8	11.1	12.99	13.33	7.796	8
5	11 2	11.5	13.6	13.9	16.24	16.66	9.745	10
6	13.5	13.8	16.2	16 6	19.49	19.99	11.694	12
7	15.7	16.1	18.9	19.4	22.74	23.33	13.643	14
8	18 0	18.4	21,7	22.2	25.99	26.66	15.592	16
9	20.3	20.7	24.4	24.9	29.24	29.99	17.541	18
10	22 5	23.0	27.1	27.7	32.49	33.33	19.490	20
11	24.8	25.3	29.8	30.5	35.74	36.66	21 439	22
12	27.0	27.6	32.5	33 3	38.99	39.99	23.388	24

Conversion des mesures métriques linéaires en mesures anciennes et usuelles.

PRIX des mesures anciennes.	Millimètres.		Centimètres.		Décimètres.		Mètres.	
	LIGNES		POUCES		PIEDS		TOISES	
	anciennes	usuelles.	anciens	usuels.	anciens	usuels.	anciennes	usuelles.
1	0 443	0.432	0.369	0 36	0 308	0 3	0.513	0 5
2	0.887	0 864	0 739	0.72	0.616	0.6	1 026	1.0
3	1 330	1.296	1.108	1 08	0.924	0.9	1 539	1 5
4	1.773	1.728	1 478	1 44	1.231	1.2	2 052	2 0
5	2 216	2 160	1.847	1.80	1.539	1.5	2 565	2 5
6	2 660	2.592	2.216	2.16	1 847	1.8	3.078	3 0
7	3 103	3.024	2 586	2.52	2 155	2 1	3.592	3.5
8	3 546	3.456	2 955	2 88	2 463	2.4	4.105	4.0
9	3 990	3.888	3.325	3.24	2.771	2.7	4 618	4.5
10	4.433	4 320	3 694	3.60	3 078	3 0	5.131	5.0

Avec ces tables, on peut convertir la taille de l'homme en nouvelles ou en anciennes mesures par des additions. Exemple 5 pieds 4 pouces 6 lignes de roi.

5 pieds font en décimètres 16.24 ou en mètres 1.624
4 pouces font en centimèt. 10.8   0.108
6 lignes font en millimèt. 13.5   0.0135
____
La valeur exacte est 1 m. 746.   1.7455

Mesures itinéraires.

La lieue, mesure de longueur des routes, variait selon les localités, sans détermination fixe. Les lieues déterminées étaient la lieue de poste, de 2,000 toises, la lieue de 25 au degré, de 2280 toises; la lieue de Bretagne, de 2,400 toises; la lieue marine, de 20 au degré, de 2,850 toises.

Le kilomètre (1000 mètres), qui répond à 513To74, est le quart de lieue de poste; quatre kilomètres (4000 mètres) font la lieue de poste. Le myriamètre (10,000 mètres) vaut 5131 toises; le demi-myriamètre est la lieue moyenne; telles sont les mesures qui ont remplacé les lieues. Les petites distances s'évaluent en kilomètres, et le kilomètre se mesure avec le décamètre (10 mètres); les grandes distances s'évaluent en myriamètres.

Les tables précédentes donnent aussi le moyen de convertir toute espèce de lieues en mètres, en kilomètres, en myriamètres, et ces derniers en lieues.

Exemple : Une toise vaut en mètres 1 m 949
Une demi-lieue de poste de 1000 toises
    vaut en mètres   1.949 m 000 ou 1 kil. 949 mètres.
Une lieue de poste de   2000 toises
    vaut en mètres   3.898 m 000 ou 3 kil. 898 mètres.
Cinq lieues de poste de   10000 toises.
    valent en mètres   19.490 m 000 ou 1 myr. 9 kil. 490 m.

Un mètre vaut en toises 0.513
Un kilomètre (1000 mètres) vaut en toises   513 t 000 en
  lieues de 2000 toises 0,257   1¡4 de lieue.
4 kilomètres (4000 mètres) valent en toises   2,052 t 000 en
  lieues de 2000 toises 1 025   1 lieue.
1 myriamètre (10,000 mètres) vaut en toises 5,131 t 000 en
  lieues de 2000 toises 2.565   2 1¡2 lieues.

Mesures des étoffes.

Les étoffes se mesuraient à l'aune, à la verge ou
grande aune, à la canne, etc., la longueur de ces
mesures variait pour chaque pays et pour chaque
étoffe. L'aune, quelle que fût sa longueur, se divisait
en demi, tiers, quart, sixième, huitième, douzième,
seizième, vingt-quatrième, trente-deuxième d'aune.

La petite aune, aune de Paris, de 3 pieds 7
pouces 10 lignes 5¡6 ou 44 pouces, vaut en mètres
1.188; la grande aune, de 4 pieds 2 pouces ou
5o pouces, vaut en mètres 1.353; ces deux mesures étaient en usage dans l'arrondissement de
Fougères.

L'aune usuelle, valant 1 mètre 20 cent. est
presque égale à la petite aune, et remplace ces
mesures depuis 1812.

A partir de 1840, le mètre, ses subdivisions et
ses multiples, seront les seules mesures des étoffes.

Les tableaux de conversion indiquent les rapports des mesures anciennes et nouvelles.

Conversion des aunes en mètres. Prix des fractions de l'aune usuelle d'ap es celui du mètre.

PRIX des Mesures nouvelles.	AUNES ANCIENNES, USUELLES.		3|4.	2|3.	1|2	1|3.	1|4.	1|6.	1|8.	1|12	1|16	1|24	1|32
	Mètres.												
1	1.188	1.20	0.90	0.80	0.60	0.40	0.30	0.20	0.15	0.10	0.07	0.05	0.03 (1)
2	2.377	2.40	1.80	1.60	1.20	0.80	0.60	0.40	0.30	0.20	0.15	0 10	0.07
3	3.565	3.60	2.70	2.40	1 80	1.20	0.90	0.60	0.45	0.80	0.21	0 15	0.11
4	4.754	4.80	3.60	3.20	2 40	1.60	1.20	0.80	0.60	0.40	0.29	0 20	0.15
5	5.942	6.»»	4.50	4.»»	3 00	2.00	1.50	1.00	0.75	0.50	0.36	0.25	0.18
6	7.131	7.20	5.40	4.80	3.60	2.40	1.80	1.20	0.90	0.60	0.44	0;30	0.22
7	8.319	8.40	6.30	5 60	4 20	2.80	2.10	1.40	1.05	0.70	0.51	0.35	0.26
8	9.508	9.60	7.20	6.40	4.80	3.20	2.40	1.60	1.20	0.80	0.59	0.40	0.30
9	10.696	10.80	8.10	7.20	5.40	3.60	2.70	1 80	1.35	0.90	0.66	0 45	0.33
10	11.884	12.»»	9.00	8 »»	6.00	4.00	3.00	2.00	1.50	1.00	0.74	0.50	0.37

(1) Cette ligne sert aussi pour la conversion des fractions de l'aune usuelle en centimètres. Ainsi, 3\|4 d'aune valent 0.90 centimètres.

Le prix du mètre étant 5 fr., le prix de l'aune usuelle serait 6 fr.; le prix des 3\|4 d'aune serait 4 fr. 50 c. Si le prix du mètre était 0.5 décimes, en avançant le point d'un chiffre vers la gauche, on aurait 0.60 c. pour le prix de l'aune, 0.45 c. pour le prix des 3\|4 ; s'il était de 0.05 c., on avancerait le point de deux chiffres, ainsi on aurait 0.06 c. et 0.0045 c.

Conversion des centimètres , décimètres , mètres , en aunes et parties de l'aune.

PRIX des mesures nouvelles.	CENTIMÈTRES. AUNES anciennes		usuelles.	DÉCIMÈTRES. AUNES anciennes		usuelles.	MÈTRES. AUNES ancienn.	usuelles
1	0,008		0,008	0,084	1|12	0,083	0,84	0,83
2	0,017		0,016	0,168	1|6	0,166	1,68	1,67
3	0,025		0,024	0,252	1|4	0,249	2,52	2,50
4	0,034	1|32	0,033	0,337	1|3	0,333	3,37	3,33
5	0,042	1|24	0,041	0,421	5|12	0,416	4,21	4,17
6	0,050		0,049	0,505	1|2	0,499	5,05	5,00
7	0,059		0,058	0,589	7|12	0,583	5,89	5,83
8	0,067		0,066	0,673	2|3	0,666	6,73	6,66
9	0,076		0,074	0,757	3|4	0,749	7,57	7,50
10	0,084	1|12	0,083	0,844	10|12	0,833	8,41	8,33

Mesures de surface ou de superficie.

Le pied de roi carré, ou le carré ayant un pied de côté, ses divisions, ses multiples, c'est-à-dire les lignes, les pouces, les toises, les lieues carrées; les perches, les cordes carrées dont les multiples s'appelaient arpents, journaux, jours de terre, servaient anciennement à mesurer toutes les surfaces. Ces mesures équivalaient à la surface que couvre un carré dont chacun des quatre côtés a de longueur une ligne, un pouce, un pied, etc.

Les millimètres, centimètres, décimètres, mètres, décamètres, hectomètres, kilomètres, myriamètres carrés, remplacent les anciennes mesures de surface et offrent entre elles les rapports ci-dessous.

	Mètres.	Décimètres	Centimètre	Millimètres.
Millimètres.	0.000001	0 0001	0.01	1.
Centimètres	0.0001	0.01	1.	100.
Décimètre.	0.01	1.	100.	10,000.
Mètre.	1.	1,000,000	10,000.	1,000,000.

	Mètres.	Décamètres	Hectomètr.	Kilomètres.
Décamètre.	100	1	0.01	0.0001
Hectomètre.	10,000	100	1.	0.01
Kilomètre.	1,000,000	10,000	100.	1.
Myriamètre.	100,000,000	1,000,000	10,000.	100.

Il peut être utile pour les calculs de se rappeler les valeurs suivantes :

	Pieds.	Pouces.	Lignes.
Toise carrée.	36	5,184	602,496
Pied carré.	1	144	16,736
Pouce carré.	»	1	144

On voit d'après le tableau des rapports du mètre carré avec ses multiples et ses divisions, que les noms de ces multiples et de ces divisions sont trompeurs, puisque le décamètre carré contient 100

mètres carré ; il est ainsi 100 fois plus grand que
le mètre carré, et non 10 fois plus grand comme
le décamètre linéaire comparé au mètre. Il en est
de même de toute autre mesure carrée, qui est
toujours 100 fois plus grande que celle qui la suit,
ou 100 fois plus petite que celle qui la précède,
comme on le voit ci-dessus.

Dans le tableau suivant, la première décimale
après les mètres carrés ne représente pas des décimètres carrés, mais des dixièmes de mètre carré.
(Un dixième de mètre carré vaut 10 décimètres
carrés.) Les deux premières décimales représentent
des centièmes de mètre carré, ou des décimètres carrés, puisqu'un décimètre carré est la centième partie
d'un mètre carré.

Conversion des mesures de surface anciennes et nouvelles en mesures métriques.

PRIX des mesures nouvelles.	LIGNES anciennes usuelles.		POUCES anciens usuels.		PIEDS anciens usuels.		TOISES anciennes usuelles.	
	Millimètres.		Centimètres.		Décimètres.		Mètres.	
1	5,08	5.35	7,33	7,71	10,552	11,111	3,799	6
2	10,18	10,71	14,66	15,42	21,104	22,222	7,593	8
3	15,27	15,06	21,98	23,13	31.656	33,333	11,396	12
4	20,35	21,41	29,31	30,84	42,208	44,444	15,195	16
5	25,44	26,76	36,64	38,55	52,760	55,555	18,994	20
6	30,53	32,11	43,97	46,26	63,312	66,666	22,792	24
7	35,62	37,46	51,29	53,97	73,864	77,777	26,591	40
8	40,71	42,81	58,52	61,68	84,416	88,888	30,390	36
9	54,80	48,16	65,95	69,39	94,969	99,999	34,189	32
10	50,89	53,51	73,28	77,10	105,520	111,111	37,987	28

Conversion des mesures métriques de surface en mesures anciennes et usuelles.

PRIX des mesures anciennes.	Millimètres.		Centimètres.		Décimètres..		Mètres.	
	LIGNES		POUCES		PIEDS		TOISES	
	anciennes	usuelles.	anciens	usuels.	anciens	usuels.	anciennes	usuelles.
1	0,20	0,19	0,14	0,13	0,095	0,094	0,263	0,25
2	0,39	0,37	0,27	0,26	0,190	0,188	0,526	0,50
3	0,59	0,56	0,41	0,39	0,284	0,282	0,709	0,75
4	0,79	0,75	0,55	0,52	0,379	0,376	1,053	1,00
5	0,98	0,93	0,68	0,65	0,474	0,470	1,316	1,25
6	1,18	1,42	0,82	0,78	0,569	0,564	1,579	1,50
7	1 38	1,30	0,95	0,91	0,663	0,658	1,843	1,75
8	1,57	1,49	1,09	1,04	0,758	0,752	2,106	2,00
9	1,77	1,68	1,23	1,17	0,853	0,846	2,369	2,25
10	1,96	1,86	1,36	1,30	0,948	0,940	2,632	2,50

Quand on veut convertir des mètres carrés en décimètres, en centimètres, en millimètres carrés, il faut diviser le nombre par 100, 10,000, 1,000,000, en avançant vers la gauche le point décimal de 2, 4, 6 chiffres. Si on veut les convertir en décamètres, en hectomètres, en kilomètres carrés, il faut multiplier le nombre par 100, 10,000, 1,000,000, en avançant vers la droite le point décimal de 2, 4, 6 chiffres. Exemple :

Mètres carrés.	198,346,00
»	1,983.46 décimètres carrés.
»	19 8346 centimètres carrés.
»	0.198346 millimètres carrés.
»	200.349.492946

20 hectomètres carrés, o3 décamètres, 49 mètres, 49 décimètres, 29 centimètres, 46 millimètres carrés.

On voit aussi que lorsque l'on veut ajouter des mètres carrés avec des décimètres et des centimètres carrés, il faut mettre deux chiffres d'intervalle entre chaque unité et celle qui lui est immédiatement inférieure ou supérieure.

De même, si on voulait réduire un nombre de décamètres, d'hectomètres, de kilomètres carrés en mètres carrés, il faudrait ajouter 2, 4, 6 zéros.

Au moyen de ces tables, on peut aussi, en avançant à droite ou à gauche le point décimal de deux chiffres, avoir la valeur d'une mesure en unité inférieure ou supérieure. Exemple :

10 mètres valent en toises		2.632
»	pieds	94,0
»	pouces	136.5
10 millimètres valent en lignes		1.965
»	pouces	0.01365
»	pieds	0.0000948.

10 toises valent en mètres		37.98
»	décimètres	3799 00
»	centimètres	379900.00
1 ligne vaut en millimètres		5.089
»	centimètres	0.0589

Mesures agraires (pour les champs).

De toutes les anciennes mesures, les mesures agraires étaient celles qui présentaient le plus de variété. Les mesures en usage dans l'arrondissement de Fougères sont la corde de 24 pieds carrés (un carré ayant 24 pieds de côté), le journal de 80 cordes, et le jour de terre de 120 cordes.

Toutes ces mesures sont remplacées par le centiare, l'are et l'hectare. L'are est l'unité des mesures agraires ; c'est un carré d'un décamètre de côté : il contient 100 mètres carrés ou centiares ; le centiare ou centième de l'are est donc un mètre carré.

L'hectare, comme son nom l'indique, contient 100 ares ; c'est un hectomètre carré, un carré de 100 mètres de côté qui contient 10,000 mètres carrés.

C'est avec le décimètre linéaire, ou chaîne d'arpenteur que l'on mesure les champs dont on veut connaître la surface.

Pour arpenter, toiser, c'est-à-dire pour mesurer l'étendue d'un champ, d'un mur, d'un plancher, d'une boiserie, d'un toit, il suffit à la rigueur de savoir mesurer une surface carrée et une surface triangulaire.

La mesure d'une surface carrée de la forme ci-dessous, s'obtient en mesurant le côté 1 puis le côté 2 qui est égal au premier ou plus long que lui, et en multipliant l'un des nombres par l'autre.

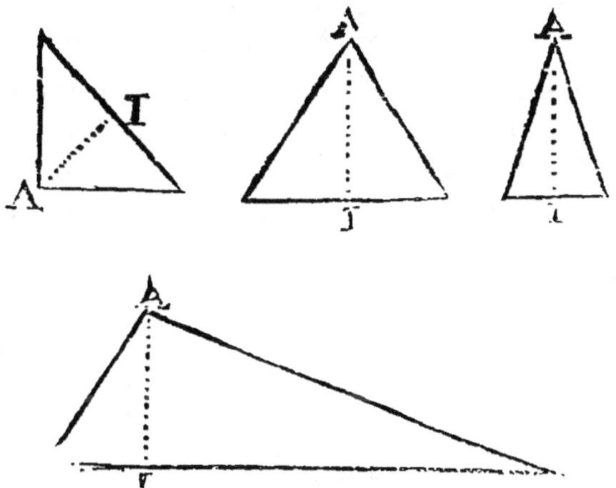

Soit un champ ayant de côté 1 32 m. 201
de côté 2 53 200

Multipliant on a 162035 432

C'est-à-dire 1 hectare 62 ares, o3 centiares, 54 décimètres carrés, 32 centimètres carrés.

Pour obtenir la mesure d'une surface triangulaire comme celles-ci :

On mesure le côté 1 (base du triangle) opposé au sommet **A**, puis la distance pointée perpendiculaire du sommet à la base ; on multiplie le premier nombre par la moitié du second. Exemple.

Soit le côté 1   3. m 25
La moitié de la distance pointée   1   275

Multipliant on a   4   14375

c'est-à dire 4 mètres carrés, ou 4 centiares, 14 décimètres carrés, 37 décimètres carrés, 5 dixièmes de centimètres carrés ou 50 millimètres carrés.

Toute surface ayant une autre forme peut être à peu près divisée en un plus ou moins grand nombre de carrés ou de triangles que l'on mesure séparément : en ajoutant tous les nombres obtenus on a la mesure de la surface entière.

Quand la surface a une forme circulaire, on 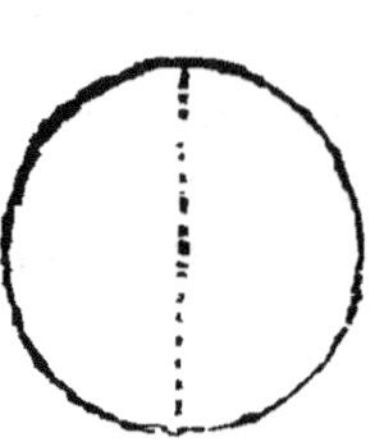 obtient plus facilement sa mesure en mesurant le pourtour du cercle ou la circonférence. On multiplie ce nombre par le quart de la ligne pointée qui coupe la surface en deux parties égales. Cette ligne ou diamètre est à peu près le tiers de la circonférence, c'est-à-dire qu'en multipliant le diamètre par 3.14159 on reproduit la circonférence. La mesure de cette surface trouve surtout son application dans la mesure des solides et des contenances.

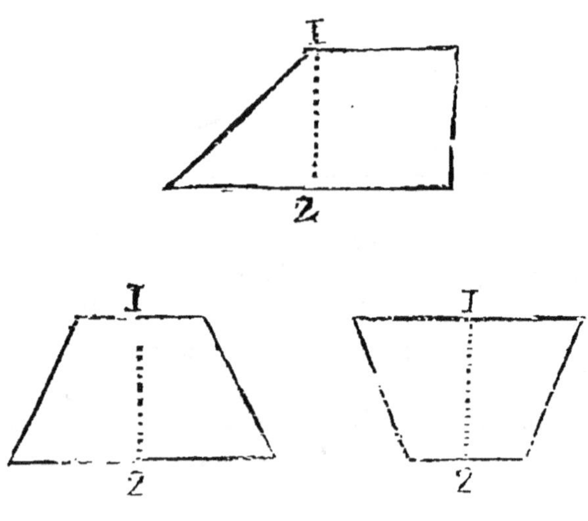

Lorsque la surface a cette forme, comme dans les toits, comme dans la coupe d'un mur de terre ou d'un fossé, on la mesure plus facilement en prenant la longueur des côtés 1 et 2, ajoutant les deux nombres, prenant la moitié de cette somme, que l'on multiplie par la longueur de la ligne perpendiculaire pointée.

L'ancienne corde de 24 pieds de roi, n'ayant pas été remplacée dans l'usage par une corde de 24 pieds usuels, les tableaux de conversion ne comprendront pas, comme les autres, la mesure usuelle.

Un hectare vaut deux journaux quatre cordes et demie.

Conversion des mesures anciennes en nouvelles.   *Conversion des mesures nouvelles en anciennes.*

PRIX des mesures nouvelles.	CORDES		JOURNAUX.			JOURS.			PRIX des mesures anciennes.	ARES.	HECTARES.	
	Ares.	Cent.	Hec.	Ares.	Cen.	Hec.	Are.	Cent		Cordes.	Journaux.	Jours.
1|4		15,19	12		15,60	18		23,4	1|4	0,41	0,514	0,342
1|2		30,38	24		31,30	36		46,8	1|2	0,82	1,028	1,685
3|4		45,58	36		46,80	54		70,2	3|4	1,23	1,542	1,03
1		60,78	48		62,40	72		93,6	1	1,65	2,056	1,37
2	1	21,56	97		24,80	1	45	87,2	2	3,29	4,112	2,74
3	1	82,34	1	45	88,20	2	18	80,8	3	4,94	6,168	4,11
4	2	43,12	1	94	49,60	2	91	74,4	4	6,580	8,224	5,48
5	3	03,90	2	43	12,00	3	64	68,0	5	8,226	10,280	6,85
6	3	64,68	2	91	76,40	4	37	61,6	6	9,871	12,336	8,22
7	4	25,46	3	40	37,80	5	10	55,2	7	11,516	14,392	9,59
8	4	86,24	3	88	99,20	5	83	48,8	8	13,161	16,448	10,96
9	5	47,02	4	37	61,60	6	56	42,4	9	14,806	18,504	12,33
10	6	07,80	4	86	24,00	7	29	36,0	10	16,453	20,565	13,70

Usage local. A défaut de stipulation expresse, le mesurage des objets ci-après a lieu d'après les règles suivantes :

1° *Maçonnerie.* La maçonnerie se mesure comme surface, quelle que soit son épaisseur, sans avoir égard au volume; elle se mesure plein comme vide, à moins qu'il n'y ait ouverture comprise entre murs de deux côtés seulement; car, dans ce cas, l'ouverture doit être déduite.

Les pignons se mesurent suivant leur forme et sans avoir égard aux cheminées.

Les tuyaux des cheminées se mesurent à part, en multipliant la largeur du dossier, plus la largeur d'une des hanches, par la hauteur entière du tuyau; si cependant le maçon ne fait pas le foyer, la hauteur ne se prend qu'à partir de la languette de la cheminée.

Les murs droits et isolés se mesurent sans avoir égard à l'épaisseur et aux droits bouts.

Si deux murs forment jonction comme dans une maison, on en mesure un en dedans et l'autre en dehors, afin qu'il n'y ait pas double emploi des encoignures.

2° *Plafonds et enduits.* Les plafonds et les enduits ou pourfrissures, sont considérés comme surfaces, et se mesurent plein comme vide pour les croisées, à moins qu'il n'y ait que simple pan de bois; dans ce cas, on déduit l'espace occupé par les croisées ou portes, parce qu'il n'y a pas écoinson ou évasement de chaque côté.

3° *Peinture.* On mesure ce qui existe, les croisées ne comptant que pour moitié quand elles sont peintes des deux côtés, et pour un quart quand elles ne sont peintes que d'un seul côté; dans les autres cas, on prend le contour des moulures et des corniches.

9

4° *Couvertures*. On mesure ce qui existe; on déduit l'emplacement, les frontons, qui se mesurent à part suivant leur forme.

5° *Menuiserie et parquet*. On mesure ce qui existe, en déduisant les foyers et autres vides.

6° *Pierre de taille*. Elles sont considérées comme surfaces; on ne mesure que le parement vu.

Mesures de solidité.

Le pied de roi cube, ses divisions, ses multiples, c'est-à-dire les lignes, les pouces, les pieds, les toises cubes, servaient à mesurer les solidités, le volume des corps, la capacité des objets creux. Ces mesures équivalaient à un solide ayant la forme d'un dé à jouer, ou six faces carrées d'une ligne, d'un pouce, d'un pied, d'une toise de côté.

Les millimètres, centimètres, décimètres, mètres cubes, remplacent les anciennes mesures de solidité. Les multiples du mètre cube ne sont pas en usage.

Rapport des anciennes mesures de solidité entre elles.

	Pieds.	Pouces.	Lignes.
Toise cube.	216	373,248	644,972,544
Pied cube.	1	1,728	2,985,984
Pouce cube.	»	1	1,728

Rapport des nouvelles mesures de solidité entre elles.

	Mètres.	Décimètres.	Centimètres.	Millimètres
Millim.	0,000,000,001	0,000,001	0,001	
Centim	0,000,001	0,001	1	1,0
Décim.	0,001	1.	1,000	1,000,0
Mètre.	1.	1,000	1,000,000	1,000,000,0

Ainsi, comme pour les mètres carrés, les noms des divisions du mètre cube sont trompeurs; le décimètre cube n'est pas dix fois plus petit que le mètre cube, mais mille fois plus petit; toute mesure métrique cubique est toujours mille fois plus grande qne celle qui la précède, et mille fois plus petite que celle qui la suit, comme on le voit au tableau ci-dessus.

Lorsque l'on agit sur des mètres cubes, il faut se rappeler que la première décimale est des 10e de mètre cube, la seconde des 100e et non des décimètres et centimètres cubes; la troisième est des 1000e, et les trois premières décimales sont des décimètres cubes (un décimètre cube étant la millième partie d'un mètre cube).

Qnand on veut convertir des mètres cubes en décimètres, centimètres, millimètres cubes, il faut diviser le nombre par mille, un million, un billion, en avançant vers la gauche le point de 3, 6, 9 chiffres.

En avançant vers la droite le point décimal de 3, 6, 9 chiffres, on multiplierait au contraire le nombre par mille, un million, un billion.

De même, si on voulait convertir des décimètres, centimètres, millimètres cubes en mètres cubes, il faudrait ajouter 3, 6, 9 zéros.

Quand on veut ajouter des mètres cubes avec des décimètres, des centimètres, des millimètres cubes, il faut mettre trois chiffres d'intervalle entre chaque unité et celle qui lui est immédiatement inférieure ou supérieure.

Conversion des mesures de solidité anciennes et usuelles en mesures métriques.

PRIX des mesures nouvelles.	LIGNES anciennes usuelles.		POUCES anciens usuels.		PIEDS anciens usuels.		TOISES anciennes usuelles.	
	Millimètres.		Centimètres.		Décimètres.		Mètres.	
1	11.479	12.403	19.836	21.474	34.277	37.037	7.404	8
2	22.959	24.806	39.673	42.948	68.555	74 074	14.212	16
3	34.438	37.209	59.509	64.422	102 832	111.111	22.212	24
4	45.918	49.612	79 345	85 896	137.109	148.148	29.616	32
5	57.397	62.015	99.182	107 370	171.386	185.185	37.019	40
6	68.876	74.418	119.018	128 844	205.664	222.222	44.423	48
7	80.356	86.821	138.855	150.318	239.941	259.259	51.827	56
8	91.835	99.224	158.691	171.792	274.218	296.296	59.231	64
9	103.314	111.627	178.527	193.266	308 495	333.333	66 635	72
10	114.794	124.030	198.364	214.740	342.773	370.370	74.039	80

Conversion des mesures métriques de solidité en mesures anciennes et usuelles.

PRIX des mesures anciennes.	Millimètres.		Centimètres.		Décimètres.		Mètres.	
	LIGNES		POUCES		PIEDS		TOISES	
	anciennes	usuelles.	anciens	usuels.	anciens	usuels.	anciennes	usuelles
1	0,087	0,081	0,050	0,047	0,029	0,027	0,135	0,125
2	0,174	0,162	0,100	0,093	0,058	0,054	0,270	0,250
3	0,261	0,242	0,151	0,140	0,087	0,081	0,405	0,375
4	0,348	0,323	0,201	0,186	0,116	0,108	0,540	0,500
5	0,435	0,404	0,252	0,233	0,145	0,135	0,675	0,625
6	0,522	0,484	0,302	0,280	0,175	0,162	0,810	0,750
7	0,609	0,565	0,352	0,326	0,204	0,189	0,945	0,875
8	0,696	0,646	0,403	0,373	0,233	0,216	1,080	1,000
9	0,784	0,726	0,453	0,420	0,262	0,243	1,215	1,125
10	0,871	0,806	0,504	0,466	0,292	0,270	1,351	1,250

Pour mesurer un fumier, une charretée de paille, une meule de fourrage, de paille de forme cubique, un volume quelconque de bois, de maçonnerie, de pierre, de terre, une fouille de cave, la contenance d'une chambre, d'un canal ayant toujours une forme cubique, on mesure la base de l'objet, c'est-à-dire la surface qu'il occupe sur la terre, sur le plancher, comme on l'a expliqué pour le mètre carré (p. 132 et suiv.); ensuite on mesure la hauteur de cet objet, on multiplie ce nombre par le premier. Exemple :

Un fumier occupe sur le terrain en mètres carrés.

	11 m 225
Il a de hauteur	1 25
On multiplie et l'on a	14 03125

14 mètres cubes, 031 décimètres cubes, 25 centièmes de décimètre cube.

Pour avoir le volume d'une meule de foin en forme de pain de sucre, on mesure la surface du terrain qu'occupe la base de la meule. En mesurant le pourtour de cette meule à terre (soit 15 m.) on prend le quart du tiers de ce nombre. Le tiers de 15 est 5 dont le quart est de 1.25 (soit 1 m. 25). On le multiplie par le pourtour 15 m. (soit 18 m 25) qui est la surface de la base. On multiplie ensuite ce nombre par la moitié de la hauteur de la meule (soit 2 m.); on a 37,70 ou 37 mètres cubes 70 centièmes de mètre cube.

Si la meule était plus élevée, il faudrait multiplier la surface de sa base par les deux tiers de la hauteur de la meule. On aurait ainsi une mesure exacte en supposant que la meule est cylindrique sur une moitié de sa hauteur, et conique pour l'autre moitié.

S'il s'agit de mesurer un cylindre, comme une

bille de bois, un arbre de moulin, on mesure la surface du cercle du cylindre directement, *si l'arbre est coupé* (en multipliant 3.14159 par le carré du rayon ou le carré de la moitié du diamètre), ou par la circonférence *si l'arbre est debout* (en multipliant la circonférence par le quart du diamètre ou par le quart du tiers de cette circonférence.) On multiplie ensuite l'un de ces nombres par la longueur du cylindre.

Pour connaître la contenance d'un fossé, le volume d'un talus ou mur de terre, d'un tas de blé, de sable, de pierre ayant la forme d'un talus, il faut multiplier la longueur du fossé ou talus par sa largeur en haut, puis multiplier de nouveau cette longueur par sa largeur en bas, ajouter ces deux sommes, en prendre la moitié, et multiplier cette moitié par la profondeur du fossé ou la hauteur du talus, ou plus simplement en mesurant la surface de la section du fossé, comme il est dit page 135, et multipliant par la longueur du fossé.

S'il s'agit d'évaluer la contenance d'un grenier, dont le comble a un ou deux égoûts, on évalue d'abord, s'il y a lieu, la partie carrée ou droite, comme pour l'exemple du fumier, en multipliant la surface du plancher par la hauteur des murs prise du plancher à la naissance des combles.

Si le toit est sans croupe ou en appentis, on multiplie la surface du plancher par la moitié de la ligne tirée perpendiculairement du faîte du toît à la puissance des combles.

Lorsque le toît fait croupe, on évalue séparément la partie faisant croupe ; cette partie est égale à la surface du plancher située au-dessous de la croupe, multipliée par le tiers de la ligne perpendiculaire tirée du faîte à la naissance des combles.

Bois de chauffage.

Les bois de chauffage se vendaient à des mesures particulières qui auraient pu être évaluées en pieds, pouces cubes ; elles portaient les noms de corde, brasse, voie, etc., mais la longueur de la bûche, la hauteur ou la longueur de la corde variant dans chaque pays et même d'une vente à l'autre, ces dénominations de mesures ne représentaient pas une quantité constante.

Le mètre cube, qui est la mesure nouvelle des bois de chauffage, prend le nom de stère. Avec cette mesure, les bûches ont trois pieds usuels, ou un mètre de longueur dans tous les sens.

Les seuls multiples et divisions de cette mesure qui soient en usage, sont le double et triple stère, le décastère et le décistère ; cette dernière n'est même en usage que pour les bois de charpente.

Conversion des stères en cordes.

PRIX des mesures anciennes.	STERES.	
	CORDE de Fougères.	CORDE d'Antrain, Rennes.
1|4	0,075	0,091
1|2	0,151	0,182
1	0,303	0,364
2	0,606	0,728
3	0,909	1,092
4	1,212	1,456
5	1,515	1,820
6	1,818	2,184
7	2,221	2,548
8	2,424	2,912
9	2,727	3,276
10	3,030	3,640

Conversion des cordes en stères.

PRIX des mesures nouvelles.	CORDE de Fougères,	CORDE d'Antrain, Rennes.
	STERES	
1|4	0,822	0,685
1|2	1,645	1,371
1	3,291	2,742
2	6,582	5,484
3	9,873	8,226
4	13,164	10,968
5	16,455	13,710
6	19,746	16,452
7	23,037	19,194
8	26,328	21,936
9	29,619	24,678
10	32,910	27,420

Pour convertir en stères une quantité quelconque de bois de chauffage, il faut multiplier la longueur de la bûche par la longueur de la pile de bois, et le produit par la hauteur de cette pile. Lorsque l'on a évalué les trois dimensions en centimètres, on sépare six décimales du produit total.

Pour mesurer en stères du bois de chauffage dont les bûches ont plus ou moins d'un mètre de longueur, il faut donner à la pile une longueur d'un mètre ou d'un nombre exact de mètres, et donner à la hauteur de la pile une dimension d'après le tableau ci-dessous, qui se lit ainsi : Les bûches ayant de longueur 0m97 centimètres, la pile devrait avoir 1m03 centimètres de hauteur, pour qu'un mètre de long de cette pile fît un stère.

Table pour la conversion de tous les bois de chauffage en stères.

LONGUEUR de la bûche.	HAUTEUR de la pile.	LONGUEUR de la bûche.	HAUTEUR de la pile.
Mètres.	Mètres.	Mètres.	Mètres.
1,40	0,72	0,90	1,11
1,36	0,74	0,88	1,14
1,30	0,77	0,86	1,16
1,26	0,79	0,82	1,22
1,20	0,83	0,80	1,25
1,16	0,86	0,76	1,32
1,10	0,91	0,70	1,43
1,00	1,00	0,66	1,52
97	1,03	0,64	1,56
92	1,09	0,60	1,67

Bois de charpente.

La solive, ancienne unité des mesures de bois

de charpente, était censée avoir 12 pieds de long, 6 pouces sur 6 pouces d'équarissage, et valait trois pieds cubes. Elle se divisait en 6 pieds de solives, le pied en 12 pouces, et le pouce en 12 lignes.

Le bois de charpente se mesure maintenant en décistère qui contient 100 décimètres cubes et représente ainsi 10 mètres de chevron d'un décimètre d'équarrissage, ou 25 décimètres de solive de 2 décimètres d'équarrissage, ou 1 décimètre de bois d'un mètre d'équarrissage.

Dans le tableau de conversion des solives en décistères, les décimales sont des 100e de décistère ou des décimètres cubes. Dix décistères font un stère ; en avançant le point d'un chiffre vers la droite on a des stères.

Dans l'autre tableau, les décimales sont des millièmes de solives. En avançant le point d'un chiffre vers la droite, on a la valeur des mètres cubes en solive.

PRIX des mesures nouvelles.	POUCES De solive.	PIEDS De solive.	SOLIVES.
	Décistères.		
1	0,01	0,17	1,03
2	0,03	0,34	2,06
3	0,04	0,51	3,08
4	0,06	0,69	4,11
5	0,07	0,86	5,14
6	0,09		6,17
7	0,10		7,20
8	0,11		8,23
9	0,13		9,25
10	0,14		10.28
11	0,16		11,31
12	0,17		12,34

PRIX des mesures anciennes.	DECISTERES. Solives.
1	0,972
2	1,945
3	2,917
4	3,890
5	4,862
6	5,836
7	6,807
8	7,780
9	8,772
10	9,725
11	

Le bois carré est le bois d'équarrissage de dimensions égales ; le madrier est le bois qui a plus de largeur que d'épaisseur ; le bois en grume celui qui est revêtu de son écorce.

Pour évaluer tout bois de charpente en décistères, on multiplie les deux dimensions d'équarrissage l'une par l'autre, et le produit par la longueur. Si toutes les dimensions sont exprimées en centimètres, on sépare 5 décimales, et 4 seulement si la grosseur étant exprimée en centimètres la longueur ne l'est qu'en décimètres.

Il est utile pour la pratique de connaître la longueur du décistère pour les différentes grosseurs de bois carré, parce qu'en prenant cette longueur pour mesurer la pièce de bois, on a de suite le nombre de décistères qu'elle contient. Le tableau suivant donne cette longueur pour un grand nombre de dimensions d'équarrissage.

Si on a plusieurs pièces de bois de la même grosseur, on additionne toutes les longueurs et on divise le nombre par la longueur du décistère qui répond à la grosseur commune.

Lorsque la pièce de bois est plus grosse par un bout que par l'autre, les dimensions d'équarrissage se mesurent au milieu, ce qui donne une valeur approchée faible.

Lorsque le bois est en grume, on évalue seulement la pièce de bois carré qu'il peut donner, quand on veut le réduire en décistères ou bois de charpente.

Si l'arbre est abattu, on mesure le diamètre non compris l'écorce ; on cherche ce diamètre au tableau suivant, à la colonne des dimensions d'équarrissage ; on double la longueur du décistère qui répond à ce diamètre, et on a la longueur du décistère du bois en grume. Soit 74 centimètres le diamètre, o m. 183 millimètres est la longueur du décistère qui y répond ; le double ou o. 366 millimètres sera la longueur cherchée du décistère.

Cette règle est également applicable au bois écorcé, à tout cylindre, arbre de moulin, pour connaître, en décistères, la pièce de bois carré contenue.

Si l'arbre est sur pied, on fait la réduction en décistères, d'après la circonférence :

1° S'il est écorcé, on a les dimensions d'équarrissage, en déduisant de la circonférence le dixième, et prenant le quart du reste ;

2° S'il n'est pas écorcé, on déduit de la circonférence le sixième, et on prend le quart du reste.

Avec la table suivante, on évite ces calculs pour plusieurs cas ; on mesure la circonférence, on la cherche dans la troisième colonne du tableau (soit 2m40) ou celle qui en approche, on trouve en regard la dimension d'équarrissage (om50) et la longueur du décistère (om40).

Dimensions d'équarriss.	Longueur du décistère	Circonférence.	Dimensions d'équarriss.	Longueur du décistère.	Circonférence.	Dimensions d'équarriss.	Longueur du décistère.	Circonférence.
Centimètres.	Mètres.	Mètres.	Centimètres.	Mètres.	Mètres.	Centimètres.	Mètres.	Mètres.
12	6 944	0.576	42	0.567	2.016	72	0.193	3,456
14	5.102	0.672	44	0 516	2.112	74	0.183	3,552
16	3.906	0.768	46	0.473	2 208	76	0.173	3,648
18	3 088	0.864	48	0.434	2.304	78	0.164	3,744
20	2.500	0.960	50	0.400	2.400	80	0,156	3,840
22	2.066	0.056	52	0.370	2 496	82	0,149	3,936
24	1.736	1.152	54	0.343	2 592	84	0,142	4,032
26	1 479	1.248	56	0.319	2.688	86	0,135	4,128
28	1.276	1.344	58	0.297	2.784	88	0,129	4,224
30	1.111	1.440	60	0 278	2.880	90	0,123	4,320
32	0.977	1.536	62	0 260	2 976	92	0,118	4,416
34	0.865	1.632	64	0.244	3.072	94	0,113	4,512
36	0.772	1.728	66	0.230	3.168	96	0,109	4,608
38	0 692	1 824	68	0.216	3 264	98	0,104	4,704
40	0.625	1.920	70	0.204	3.360	100	0,100	4,800

Mesures de capacité et de contenance.

Les anciennes mesures de capacité, qui variaient à l'infini, se divisaient 1° En mesures pour les *matières sèches*, grains, sel, charbon, et s'appelaient somme, boisseau, démeau, carçonnière, godet, quarton, setier, muid, etc.; 2° En mesures pour les *liquides*, et s'appelaient pot, pinte, chopine, stier, muid. Chacun de ces noms s'appliquait aussi à des mesures très-différentes. Ainsi le démeau variait dans chaque canton, le boisseau contenait plus ou moins de démeaux, suivant l'espèce de grains. Le setier de grain et le setier de vin n'avaient entre eux aucun rapport.

Le litre, ses divisions et ses multiples remplacent toutes ses mesures. Le litre contient en capacité un décimètre cube, qui est la millième partie du mètre cube. On a ainsi la série des mesures de capacité toutes en rapport avec les mesures de solidité.

	Litres.	Décilitres.		
Décilitre.	0.1	1		100 centimètres cubes.
Litre.	1	10		1 décimètre cube.

	Litres.	Décalitres.	Hectolitres.	
Décalitre.	10	1	0 1	10 décimètres cubes.
Hectolitre.	100	10	1	100 décimètres cubes.
Kilolitre.	1000	100	10	1000 décimètres cubes ou 1 mètr. cube.

Pour rendre la vente des marchandises plus faciles, chacune de ces mesures a son double et sa moitié.

Mesures pour les matières sèches.

Les anciennes mesures en usage dans l'arrondissement de Fougères, pour le mesurage des grains, étaient le démeau, le boisseau, la somme. Il y avait quatre démeaux différents dans l'arrondissement.

	Décalitres.	Litres.
Le démeau de Fougères et de Saint-Georges valant en	2.152 ou en	21.5
Saint-Aubin	3.107	31
Bazouges-la-Pérouse	3.393	34
d'Antrain	3.500	35

Deux de ces démeaux faisaient le boisseau de gros grains (froment, seigle, meteil); il en fallait trois pour faire le démeau d'avoine et de sarrasin.

La somme de gros grains se composait de 4 boisseaux; celle d'avoine et de sarrasin de trois.

Par une fausse application du décret de 1812, les mesures usuelles avaient été adoptées sur les marchés pour le mesurage des grains, et le quart d'hectolitre (25 litres), appelé double boisseau usuel, était devenu le nouveau démeau. Ces mesures usuelles étaient:

L'hectolitre	ou 100 litres.	
Le demi-hectolitre	50	
Le quart d'hectolitre	25	double boisseau, démeau nouveau.
Le 1|8 d'hectolitre	12 1|2	boisseau nouveau.
Le 1|16 d'hectolitre	6 1|4	demi-boisseau.
Le 1|32 d'hectolitre	3 1|8	quart de boisseau.

Le décalitre, le double décalitre principalement, et les autres multiples du litre sont aujourd'hui les seules mesures en usage pour le mesurage des grains.

Conversion des anciennes mesures à grain en nouvelles.

PRIX des mesures nouvelles.	DEMEAUX de 25 litres.		BOISSEAUX de gros grains, d'avoine, sarrazin.		SOMMES de gros grains, d'avoine, sarrasin.	
	Litres.		Décalitres.		Hectolitres.	
1	25		5	7,5	2	2,25
2	50		10	15,0	4	4,50
3	75		15	22,5	6	6,75
4	100		20	30,0	8	9,00
5	125		25	37,5	10	11,25
6	150		30	45,0	12	13,50
7	175		35	52,5	14	15,75
8	200		40	60,0	16	18,00
9	225		45	67,5	18	20,25
10	250		50	75,0	20	22,50

Les divisions, les multiples du titre étant décimales, en avançant le point décimal vers la droite ou vers la gauche, on obtient l'effet indiqué aux observations générales.

250 litres font 25.0 décalitres, ou 2 hectolitres, 5 décalitres ou 50 litres.

18 hectolitres font 1 kilolitre, ou 8 hectolitres, ou 80 décalitres, ou 800 litres.

Conversion des nouvelles mesures à grain en anciennes.

PRIX des mesures anciennes.	Décalitres.	Décalitres.		Hectolitres.	
	DEMEAUX. de 25 litres.	BOISSEAUX de gros grains,	d'avoine, sarrasin.	SOMMES de gros grains,	d'avoine, sarrasin.
1	0,4	0,2	0,133	0,5	0,444
2	0,8	0,4	0,266	1,0	0,888
3	1,2	0,6	0,399	1,5	1,332
4	1,6	0,8	0,532	2,0	1,776
5	2,0	1,0	0,665	2,5	2,220
6	2,4	1,2	0,798	3,0	2,664
7	2,8	1,4	0,931	3,5	3,108
8	3,2	1,6	1,064	4,0	3,552
9	3,6	1,8	1,197	4,5	3,996
10	4,0	2,0	1,330	5,0	4,440

Mesures pour les liquides.

Les anciennes mesures pour les liquides étaient pour l'arrondissement de Fougères la pinte, qui valait en litre 0.974; le pot qui était le double de la pinte, la chopine qui était la moitié de la pinte. La pinte d'Antrain était plus grande; elle valait en litre 0.986; celle de Paris valait 0,931; la chopine de Paris se divisait en deux demi-setiers, et le demi-setier en deux poissons.

Le litre et ses divisions remplacent toutes ces mesures. Le litre vaut en pintes de Paris 1.074, et en pinte de Fougères 1.026.

Depuis 1812 on se sert des mesures usuelles ci-dessus indiquées. A partir de 1840 elles vont être proscrites et remplacées par les mesures métriques dont le rapport avec les mesures usuelles est indiqué au tableau suivant. En négligeant les millimètres qui ne valent qu'un centimètre cube, on voit mieux que les mesures métriques, qui dans le débit des marchandises remplacent les mesures usuelles, sont plus petites que ces dernières des quantités portées au tableau.

MESURES usuelles.	VALEUR des mesures usuelles en mesures métriques.		MESURES NOUVELLES.	DIFFERENCE en moins des mesures nouvelles comparées aux mesures usuelles.
Litres.		Litres.		
1	1 litre	1,0	1. litre.	
1|2	5 décilitres ou	0,5	0,5 décilitres ou demi-litre.	
1|4	25 centilitres	0,25	0,20 centilitres ou double décilitre.	1|5
1|8	12 Id.	0,12	0,10 id. 1 décilitre.	1|6
1|16	6. Id.	0,06	0,05 id. 1|2 décilitre.	1|6
1|32	3 Id.	0,03	0,02 id. double centilitre.	1|3

Jaugeage des barriques.

La barrique de l'arrondissement de Fougères contient 120 pots ou 240 pintes, et en litres, 233.76. Les tonneaux sont ordinairement de trois à 6 barriques.

Pour calculer la capacité d'une barrique, on mesure son diamètre par la bonde, c'est le diamètre du bouge; on le double; on y ajoute le diamètre d'un des fonds; on prend le tiers de cette somme, et on a le diamètre du cylindre que formerait la barrique. Connaissant ce diamètre, on calcule la surface du cercle qui y correspond, ou multipliant 3.14159 par le carré de la moitié de ce diamètre. Ce produit multiplié par la longueur intérieure de la barrique, donne le nombre de mètres cubes, et par conséquent, de litres contenus dans la barrique. Soit 0 m.c 206241 le nombre trouvé, cela donne 0 kilolitre, 206 litres ou 2 hectolitres.

Poids.

Les anciennes mesures de pesanteur étaient la livre, poids de marc, qui se divisait en 2 marcs, le marc en 8 onces, la livre en 16 onces, l'once en 8 gros, le gros en trois scrupules ou deniers, le scrupule en 24 grains, le gros en 72 grains; le grain lui-même se divisait pour les pesées délicates jusqu'au 256e. Dans l'usage ordinaire, on n'employait ni le scrupule, ni le marc; ce dernier était l'unité des métaux précieux. Pour les grandes pesées on se servait du quintal pesant 100 livres, et pour l'évaluation du chargement des navires, du tonneau de mer valant 2000 livres.

Dans l'arrondissement on comptait et on compte

encore par livre grand poids ou de 24 onces, et pour les foins et les pailles par petit mille de 1000 livres, et par grand mille de 1500 livres de 16 onces.

Tous ces poids sont remplacés par le gramme, ses multiples, ses divisions. Le gramme, comme toutes les mesures métriques, dérive du mètre et est égal au poids d'un centimètre cube d'eau, d'où un litre d'eau pèse un kilogramme.

Les mesures de pesanteur en usage, leurs noms, leur valeur en gramme sont :

GRAMMES.

Milligramme.	0.001	⎫ Les divisions du gramme ne servent que pour pe-
Centigramme.	0.01	⎬ ser les diamants , les métaux précieux , les médi-
Décigramme.	0.1	⎭ caments.
Gramme.	1	
Double-gramme.	2	
Demi-décagramme.	5	
Décagramme;	10	
Double-décagramme.	20	
Demi-hectogramme.	50	
Hectogramme.	100	
Double-hectogramme.	200	⎫ Ces poids sont les seuls que
Demi-kilogramme.	500	⎬ l'on confectionne et dont on
Kilogramme.	1,000	⎭ fasse usage dans le commerce
Double-kilogramme.	2,000	
5 Kilogrammes.	5,000	Demi-myriagramme.
10 Kilogrammes.	10.000	Myriagramme.
20 Kilogrammes.	20.000	Double Myriagramme.
50 Kilogrammes.	50.000	Demi-quintal. ⎫ On ne confectionne pas de poids
Quintal.	100,000	100 kilogrammes. ⎬ de ce nom; les dénominations seu-
Millier métrique.	1,000,000	1000 kilogrammes. ⎭ les sont en usage.

Dans la conversion des mesures de pesanteur on devra se rappeler que :

Décagrammes	ou Grammes font	Livres.	Onces.	Gros.
100	1000	2	32	»
75	750	1 1|2	24	»
62,5	625	1 1|4	20	»
50	500	1	16	»
25	250	1|2	8	»
12,5	125	1|4	4	»
6,25	62,5	1|8	2	16
5,125	31,25	1|16	1	8
1,562	15,62	»	1|2	4
	7,5	»	»	2
	3,5	»	»	1

Dans le débit des marchandises, on remarquera qu'en donnant 62 grammes pour 2 onces, on donne 1\|2 gramme de moins, et en donnant 6 décagrammes pour 2 onces, on donne 2 1\|2 grammes de moins.

Conversion des poids anciens en poids nouveaux.

PRIX des mesures nouvelles.	GRAINS		GROS		ONCES		LIVRES		LIVRES
	anciens.	usuels.	anciens	usuels.	anciennes	usuelles.	anciennes	usuelles.	de 24 onces.
	Décigrammes.		Grammes.		Décagrammes.		Kilogrammes.		Kilogram.
1	0,531	0,542	3,824	3,906	3,059	3,125	0,489	0,500	0,750
2	1,062	1,084	7,649	7,812	6,119	6,250	0,979	1,000	1,500
3	1,593	1,626	11,473	11,718	9,178	9,375	1,468	1,500	2,250
4	2,124	2,168	15,297	15,624	12,238	12,500	1,958	2,000	3,000
5	2,655	2,710	19,121	19,530	15,297	15,625	2,447	2,500	3,750
6	3,186	3,252	22,946	23,436	18,356	18,750	2,937	3,000	4,500
7	3 717	3,794	26,770	27,342	21,415	21,875	3,426	3,500	5,250
8	4,248	4,336	30,594	31,248	24,475	25,000	3,916	4,000	6,000
9	4,779	4,878	34,419	35,154	27,535	28,055	4,405	4,500	6,750
10	15,310	15,400 ·	38,240	39,060	30,594	31,250	4,489	5,000	7,500

Conversion des poids nouveaux en poids anciens

PRIX des mesures anciennes.	Décigrammes.		Grammes.		Décagramm.		Hectogramm		Kilogrammes		Kilogramm.
	GRAINS		GROS		ONCES		LIVRES		LIVRES		LIVRES
	anciens	usuels.	anciens	usuels.	ancien.	usuell.	ancien.	usuell.	ancien.	usuell.	de 24 onces.
1	1 883	1.843	0.261	0.255	0 327	0 318	0.204	0.200	2.043	2	1.333
2	3.765	3 686	0.523	0.510	0 654	0.636	0.409	0.400	4.086	4	2 666
3	5 648	5 529	0.784	0.765	0.981	0.954	0.613	0.600	6.129	6	4 000
4	7.531	7.372	1.046	1.020	1.307	1.272	0.817	0 800	8.172	8	5.333
5	9 414	9.215	1.307	1.275	1 634	1.590	1.021	1.000	10.214	10	6.666
6	11 296	11.058	1.569	1 530	1 961	1.908	1.226	1.200	12.257	12	8 000
7	13 179	12.901	2.830	1.785	2 288	2.226	1.430	1.400	14 300	14	9.333
8	15 062	14.744	2.092	2.040	2.615	2 544	1.634	1.600	16.343	16	10.666
9	16 944	16.587	2 353	2 295	2.942	2.862	1.839	1.800	18.386	18	12 000
10	48.827	18 432	2 612	2.557	3 369	3.183	2.043	2 000	20 129	20	13.333

Monnaies.

Les anciennes monnaies étaient la livre tournois qui se divisait en 20 sous, le sou en 4 liards ; le sou avait aussi une autre division en 12 deniers. Le denier était une monnaie de compte ou idéale. On employait le nom de franc concurremment avec celui de livre, mais le franc était aussi une monnaie de compte.

Dans le nouveau système le franc est l'unité monétaire ; il se divise en 10 décimes, le décime en 10 centimes. La dénomination de décime n'est usitée que dans quelques cas. Les termes de francs et centimes sont seuls usités dans les calculs sur les monnaies ; on ne dit pas 3 francs 5 décimes, mais 50 centimes ; on n'énonce jamais les décimes.

Lorsqu'il n'y a pas de décimes à exprimer, on écrit les centimes au second rang à droite, après le point décimal fr. 4.05.

La division des monnaies étant décimale, en avançant à droite ou à gauche le point décimal d'un ou deux chiffres, on multiplie ou on divise le nombre par 10 ou par 100.

Les monnaies nouvelles ayant un poids fixe, elles peuvent être employées comme poids.

La pièce de 0,25 centimes pèse en grammes		1,25
Id.	0,01	2
Id.	0,10 en billon	2
Id.	0,50	2,50
Id.	1 franc	5
Id.	2	10
Id.	0,05 centimes	10
Id.	0,10 en cuivre	20
Id.	5 francs	25

200 francs en argent pèsent 1 kilogramme.

Id.	billon	4
Id·	cuivre	40

Toutes stipulations, obligations, comptes antérieurs au 1er vendémiaire an 8 (23 septembre 1799) sont évaluées et payées en livre tournois ; celles postérieures à cette date ne peuvent être énoncées qu'en francs et centimes et évaluées que de cette manière. Lorsque l'on paie des livres tournois en francs, on retient fr. 0.0125 ou un centime 1|4 par fr. On arrive au même résultat en divisant deux fois par 9 le nombre de livres tournois, après avoir converti en centimes les sous et deniers.

Conversion des sous en centimes et des centimes en sous.

Cette conversion se fait facilement en observant ce qui suit. Si le nombre des sous à convertir est pair, on convertit en centimes en prenant la moitié de ce nombre et multipliant par dix. Ainsi :

      2 4 6 8 10 12 14 16 18 sous
font 10 20 30 40 50 60 70 80 90 centimes.

Si le nombre des sous est impair, on prend également la moitié de ce nombre et on ajoute cinq centimes.

     1 3 5 7 9 11 13 15 17 19 sous
font 5 15 25 35 45 55 65 75 85 95 centimes.

S'il y a des liards à évaluer en centimes, le tableau suivant donne leur valeur.

Liards	font Francs	
1	0.0125	ou 1 1|4 centimes.
2	0.025	2 1|2
3	0.0375	3 3|4
4	0.05	5

D'après ce qui précède, pour convertir en sous un nombre donné de centimes, si le nombre de centimes est terminé par zéro, il faut doubler le premier chiffre. 0.50 centimes font 10 sous; s'il est

terminé par 5, il faut encore doubler le premier
chiffre et ajouter 1; ainsi, 65 centimes font 13
sous.

Quand le nombre de centimes se termine par
un autre chiffre, si l'on veut apprécier ce nombre
de centimes en liards, il faut chercher la valeur
dans le tableau suivant :

Centimes.		liards.	Centimes.		liards
1	font	0.8	6	font	4.8
2		1.6	7		5.6
3		2.4	8		6.4
4		3.2	9		7 2
5		4.»	10		8.0

A Fougères, vu l'habitude de vendre le beurre
à la livre de 24 onces, et le pesage obligé en
grammes, on a souvent le calcul suivant à faire.

18 kilogrammes, 250 grammes de beurre à 15
sous 3 liards la livre de 24 onces. On ajoute aux kilogrammes le tiers du nombre. Le tiers de 18 est
de 6 ce qui donne 24 livres; il reste 250 grammes
qui font 8 onces, 1|3 de livre ou 0.33. On a ainsi
24.33 qu'il faut multiplier par 15 sous 3 liards ou

$$0,75 \quad \text{pour 15 sous.}$$
$$0,0375 \quad \text{pour } \quad 3 \text{ liards}$$

$$0,7875$$

$$
\begin{array}{r}
24.33 \\
0.7875 \\
\hline
12.165 \\
17031 \\
19464 \\
17031 \\
\hline
19.159875
\end{array}
$$

Ce qui donne 19 fr. 15 cent. pour le prix du
beurre.

FIN.

TABLE ALPHABÉTIQUE.

(Les chiffres indiquent la page).

A

B

C

M

N

O

P

Q

R

S

T

U

V

ERRATA.

Page 25, ligne 9, suivent, au lieu de *suivant.*
Page 86, art. 71, notes, l'arrêt au lieu de *article.*